Das Buch

Eine Pariserin in Berlin: Als Cécile Calla des Jobs und der Liebe wegen von der Seine an die Spree zieht, ist die Verzweiflung zunächst groß. Im Land der Bratwürste und Frauenversteher ticken die Uhren anders als in der geliebten Heimat – das fängt schon mal damit an, dass ihr auf der Straße doch tatsächlich niemand hinterherpfeift. Mon Dieu – unglaublisch! Mit Esprit und Charme schildert Cécile Calla ihren abenteuerlichen Alltag in der Berliner Republik und entdeckt neben zahlreichen Marotten und deutsch-französischen Missverständnissen auch so etwas wie eine neue Leichtigkeit des deutschen Seins.

Die Autorin

Cécile Calla, geboren 1977 in Paris, berichtet seit 2006 für die französische Tageszeitung *Le Monde* aus Deutschland, zuvor arbeitete sie mehrere Jahre für *Le Figaro*. Sie studierte Geschichte, Politik und Soziologie und verbrachte ein Jahr als Erasmus-Studentin an der Universität Würzburg. Mit ihrem deutschen Freund lebt sie im Prenzlauer Berg in Berlin.

Cécile Calla

Tour de Franz

Mein Rendezvous mit den Deutschen

Unter Mitarbeit
von Johanna Lühr

Aus dem Französischen
von Brigitte Lindecke

Ullstein

Besuchen Sie uns im Internet:
www.ullstein-taschenbuch.de

Umwelthinweis:
Dieses Buch wurde auf chlor- und säurefreiem Papier
gedruckt.

Originalausgabe im Ullstein Taschenbuch
1. Auflage Juli 2009
2. Auflage 2009
© Ullstein Buchverlage GmbH, Berlin 2009
Umschlaggestaltung und Gestaltung des
Vor- und Nachsatzes: Sabine Wimmer, Berlin
Titelillustration: © Jakob Werth, München
Satz: LVD GmbH, Berlin
Gesetzt aus der Excelsior
Druck und Bindearbeiten: CPI – Ebner & Spiegel, Ulm
Printed in Germany
ISBN 978-3-548-26862-0

Inhalt

Vorwort

Das Beste an Deutschland sind die Eiscafés. So dachte ich jedenfalls im Alter von zehn Jahren, als ich meine Sommerferien bei meiner deutschen Verwandtschaft im Rheinland verbrachte.

Für mich war das ein paradiesischer Ort, so etwas gab es nicht in Frankreich, und ich freute mich schon Wochen zuvor darauf. Ich nahm immer dasselbe: Spaghetti-Eis Vanille mit heißer Himbeersauce.

Gleich nach den Eiscafés kam das Wellenbad. Eine außergewöhnliche Erfindung in meinen Augen. Meine Schwester und ich stellten uns vor, Schiffbrüchige zu sein, die in einem stürmischen Meer um ihr Leben kämpften. Nach drei Minuten Wellengang war Schluss, aber nach zehn Minuten fing es von vorne an. So wurde ich schon in jungen Jahren ein Fan der deutschen Technik. Und des deutschen Essens. Diese riesigen Schnitzel, die den ganzen Teller bedeckten, man konnte sie wie Frisbees über den Tisch fliegen lassen! Für mich war Deutschland ein kleines Wunderland.

Das änderte sich erst, als ich ein Teenager wurde.

Ich ließ mich von den üblichen Klischees anstecken: Die Deutschen sind zwanghaft diszipliniert, ordentlich, pünktlich – und nicht lustig. In französischen Filmen waren die Deutschen immer die Deppen, und ihr knatterndes Jawollll nahm mich auch nicht gerade für sie ein. Deutschland war definitiv uncool.

Es erstaunte mich also nicht, dass meine Freunde ihr Gesicht verzogen, als ich ankündigte, nach Deutschland zu ziehen. »*Mais pourquoi?*«, fragten sie alle mit großen Augen. Für sie war es, als ob ich mich dazu entschlossen hätte, ins Kloster zu gehen. Sie stellten sich Deutschland als graues Land vor: ständig kalt, mit distanzierten Leuten, die nie lachen und dauernd Würste essen. Zum Glück zeigten sie etwas mehr Verständnis, als ich erklärte, wegen eines Mannes nach Berlin ziehen zu wollen. Für die Liebe kann man einfach nicht zu viel opfern in Frankreich.

Nach den ersten Tagen in Berlin war ich drauf und dran, ihnen zuzustimmen. Es war wirklich kalt – ich kam im November –, kein Mensch sprach mich an (noch nicht einmal, als ich drei Stunden allein am Tresen einer Bar stand!). Nur Würstchen gab es kaum. Eher Pasta.

Ich habe mich an die Deutschen gewöhnt.

Und ich verhalte mich selbst fast wie eine.

Meine französischen Freunde lachen mich aus, weil ich mich nicht mehr traue, in der Pariser Metro schwarzzufahren, und schütteln den Kopf, wenn ich in Restaurants plötzlich selbst bezahle. Am schlimmsten finden sie, dass ich ein Fan der deutschen Fußballmannschaft geworden bin. Während der WM 2006 habe ich lieber die deutsche Mannschaft unterstützt (schließlich war ich in Berlin), und als Deutschland gegen Italien verlor, hatte ich noch nicht mal mehr Lust, das Finale zu verfolgen (in dem Frankreich ebenfalls gegen Italien verlor).

Die Deutschen haben mich in den vergangenen Jahren immer wieder überrascht – im Guten wie im Schlechten. In Momenten, in denen wir Franzosen hetzen, sind sie gemütlicher. Wie beim Grillen im Sommer. Sie sind spontan, wenn meine Landsleute sich das Leben mit Förmlichkeit verkomplizieren. Duzen ist fast unmöglich bei Unbekannten in Frankreich. Und doch fehlt es den Deutschen an Leichtigkeit. Selbst das Witzemachen wird hier mit Ernst betrieben. Und ein paar nette höfliche Floskeln würden ihre bittere Ehrlichkeit manches Mal versüßen.

Immerhin, an Neugier fehlt es ihnen nicht.

Meine deutschen Freunde wollten ständig wissen: »Und, du als Französin, wie siehst du das?« Sie sorgten sich auch oft, ob ich mich wenigstens ein bisschen zu Hause fühle. Am Anfang habe ich das als Zeichen einer ausgesprochenen Freundschaft gewertet. Dann kam mir der Verdacht, dass es auch ein Ausdruck mangelnder Eigenliebe sein könnte. Ein solches Verhalten ist unvorstellbar in Frankreich. Meine Landsleute interessieren sich einfach nicht für ihren Ruf im Ausland.

Aber das ist nur ein Unterschied von vielen. Ich

wollte mehr wissen. Warum etwa ist der Flirt eine ziemlich unbekannte Kunst in Deutschland? Wieso ist Nacktheit kein Skandal? Warum ist Silvester so explosiv? Warum der Kinderwunsch ein Dilemma für die ganze Nation? Weshalb cremen sich deutsche Männer ein? Wieso stehen ihre Fernseher auf Apfelsinenkisten? Was ist so schlimm an Strapsen? Wieso ist der Sonntagabend für eine Krimiserie reserviert? Und was wollen sie alle von Carla Bruni? Aus diesen Fragen ist dieses Buch entstanden.

Vielleicht entdecken Sie ja ein paar Macken wieder, die Sie eigentlich längst verdrängt oder vergessen hatten. Gute Reise in mein exotisches Deutschland!

Willkommen in der WG

Wenn ich an meine Ankunft in Berlin denke, denke ich an Franz. Franz war der Grund, weshalb ich nach Berlin gekommen bin. Wir hatten uns auf einer Reise in Argentinien getroffen, und er hatte mich ein paarmal in Paris besucht. Als ich hörte, dass meine Zeitung jemanden für Berlin suchte, zögerte ich keine Sekunde.

Ich nahm den Nachtzug, um genügend Platz für meine fünf Koffer zu haben und weil ich mir das ratternde Einfahren des Zuges in den Bahnhof romantischer vorgestellt hatte als ein steriles Flughafen-Gate. Zugegeben, meine Deutschlandreise war ein wenig romantisch verklärt. Das meinten jedenfalls auch meine Freunde, als ich mit eher vagen Vorstellungen in die deutsche Hauptstadt aufbrach.

Da stand ich jetzt also am Berliner Ostbahnhof. Aber wo war Franz? Sein Handy war ausgeschaltet, eine Adresse hatte ich nicht. In meiner Handtasche steckten nur ein Zettel mit der Adresse meiner WG-Wohnung und eine kryptische Anfahrtsbeschreibung mit U-Bahn und Tram, die mir meine neuen Mitbewohner zusammen mit einer Liste von Verhaltens-maßregeln gemailt hatten.

Nachdem ich vergeblich darauf gewartet hatte, dass ein Mann mir die Koffer abnahm, da Franz nun einmal nicht da war, entschied ich mich für ein Taxi.

Der Taxifahrer begann sogleich, mir seine Lebens-geschichte zu erzählen: Vor dreißig Jahren war er von Istanbul nach Berlin gezogen, alle seine Kinder waren hier geboren, die Älteste studierte Germanis-tik an der Humboldt-Universität. Ich gratulierte ihm zu seiner schlauen Tochter, und er gratulierte mir, nach Berlin gezogen zu sein. Im Nu hatten wir die verschlafene Stadt durchquert. »Sehen Sie, unser Rathaus«, sagte der freundliche Taxifahrer und zeigte auf ein burgähnliches Gebäude. Die Fassade war aus roten Klinkern und kam mir, verglichen mit dem klassizistischen Stil des »Hôtel de Ville« in Paris, eher schlicht vor. Das Rathaus einer Hauptstadt hatte ich mir anders vorgestellt.

Mein neuer Stadtteil hieß Mitte. Die Straßen wa-ren breit und licht, überall klafften Lücken zwischen den Häusern, es gab reichlich Platz, und es sah alles in allem eher provinziell aus. Wir hielten vor einem Altbau mit Einschusslöchern aus dem Zweiten Welt-krieg in der Fassade. »Ist das Nummer 14 VH?«, fragte ich, während ich vergebens nach den Buch-staben suchte. Mein Taxifahrer nickte. Er half mir noch, mein Gepäck in den Eingang zu stellen (es stimmt einfach nicht, dass Berliner Taxifahrer un-freundlich wären, sie sind ganz reizende Menschen!), und fuhr winkend davon. Ich suchte eine Weile nach dem Lift, bis ich merkte, dass es keinen gab. Nachdem ich dreimal die Treppen hinauf- und hinuntergegangen war, hatte ich mein Gepäck in den vierten Stock gehievt. Ich klingelte.

Mein neuer Mitbewohner öffnete die Tür. Thorsten, ein blonder großer Mann, der bald ein guter Freund von mir werden sollte. An seinen Beinen strich eine Katze entlang. »Das ist Mia«, sagte Thorsten, und ich war mir nicht sicher, ob er erwartete, dass ich seine Katze zuerst begrüßte. »Sie ist es gewohnt, sich frei zu bewegen, ich hoffe, das ist okay für dich.« Ich nickte und hoffte, dass Mias Freiraum sich nicht bis in mein Zimmer ausdehnen würde (er tat es).

Wir setzten uns in die Küche, und Thorsten machte einen Tee, als die zweite Mitbewohnerin hereinkam. Thea trug rote Haare und schwarze Klamotten. Sogar die Fingernägel waren schwarz lackiert. Auch sie hatte ein Tier im Schlepptau, einen Hund einer mir unbekannten Rasse, der einen etwas muffigen Geruch mit sich brachte. Ich hätte am liebsten sofort das Fenster aufgerissen, doch Theas strengem Blick nach zu urteilen wäre das wahrscheinlich keine gute Idee gewesen. Ich streichelte dem Tier schnell über den Kopf und wischte meine Hand heimlich unter dem Tisch an meiner Hose ab. »Magst du keine Hunde?«, fragte Thea misstrauisch.

Mir fiel ein, dass in der WG-Anzeige etwas von Haustieren gestanden hatte. Ich hatte ihnen geschrieben, dass ich Tiere liebe (in Paris tut man alles, um eine Wohnung zu bekommen). Dass ich es gleich mit einem ganzen Hauszoo zu tun bekäme, konnte ich schließlich nicht ahnen.

Meine beste Freundin aus Paris, Ophélie, die mir in der folgenden Zeit noch oft mit Rat und Tat zur Seite stand, sollte recht behalten, als sie mich vor der exzessiven Tierliebe der Deutschen warnte. Sie war zwar erst einmal in Deutschland gewesen (mit ihren Eltern hatte sie drei endlose Wochen auf einer Hütte in den Bayerischen Alpen verbracht), aber ihre Vorurteile über die Deutschen waren seither in ihrem Kopf so festgenagelt wie die Wanderplakette am Stock ihres Vaters.

»Tee mit Milch und Honig?«, fragte Thorsten. »Ich nehme Zucker, danke«, sagte ich und wischte ein paar Krümel von der klebrigen Tischplatte. Neben dem Waschbecken stapelte sich schmutziges Geschirr. Thorsten zog zwei Tassen aus dem Berg und ließ ein paarmal Wasser darüberlaufen. »Hier wäscht übrigens jeder für sich ab«, sagte er und wandte sich dabei Thea zu, die seinen Blick gekonnt ignorierte und sich schnell den letzten sauberen Teelöffel schnappte. »Guck lieber mal, ob du noch genug Milch hast, meine ist jedenfalls alle«, sagte sie. Thorsten öffnete den Kühlschrank und schüttelte einen Tetrapak mit H-Milch. »Mist, meine auch.« Thea grinste nur, während ich versuchte, etwas braunen Zucker aus der Dose zu schaben. Meine Mitbewohner schienen sich in freundschaftlicher Ablehnung verbunden zu sein.

Aber ansonsten war die Wohnung ein Traum. Meterhohe Räume, Decken mit Stuck, Parkett und so viel Platz, dass ich locker noch zehn an Pariser Verhältnisse gewöhnte Franzosen dort untergebracht hätte. Meine Wohnung in Paris maß siebenundzwanzig Quadratmeter, das Schlafzimmer hatte keine Fenster, und die Küche war so groß wie ein Schrank. Weil die Wände so dünn wie Papier waren, wusste ich alles von meinen Nachbarn, auch das, was ich eigentlich nicht wissen wollte. Sie kostete fünfhundert Euro im Monat. In Paris wurde ich um die Wohnung beneidet.

Doch jetzt wohnte ich in einem Palast. Und alles, was ich in den ersten Wochen auf meinen Streifzügen durch Berlin sah, geschah in einem anderen Rhythmus. Alles war langsam. Sehr langsam. Auf den Fußwegen, die so breit wie Straßen waren, schlenderten die Menschen im Schneckentempo entlang, wie Schafherden warteten sie geduldig an der Ampel oder saßen eine Ewigkeit vor riesigen Milchkaffeetassen herum. Auch die U-Bahn war gemütlich. Es gab immer einen freien Sitzplatz, die Übergänge waren kurz, und im Vergleich zu der stinkenden Pariser Metro roch es in den Tunneln wie frisch gebohnert. Auch dass die Untergrundbahn bisweilen über der Erde fährt, gefiel mir außerordentlich.

Mein erster Eindruck war, von einer stressigen Großstadt in einen gemütlichen Urlaubsort geraten zu sein. Und genau das war es, was ich wollte. Ich hatte die schlechte Luft, die vielen Autos, das Gedränge in der Metro und die gestressten Menschen auf den Fußwegen von Paris gründlich satt.

Meine Zeitung, eine große Tageszeitung in Paris, hatte mich nach Deutschland geschickt, um von den Schröder-Reformen zu berichten. »Steuer, Rente, Arbeitslosengeld – die machen eine Reform nach der anderen, und das Land ist trotzdem noch nicht gelähmt«, hatte mein Chef mit ein wenig Neid in der Stimme gesagt. Mein Auftrag war es, ein Land zu erklären, in dem so etwas möglich war.

In den ersten Monaten tat ich das von meinem Schlafzimmer aus. Auf dem Bett liegend, tippte ich in meinen Laptop, während Mia die Zeitungen zerfetzte. Als Thea dann auch noch einen Trommelkurs belegte, war mir klar, dass ich dringend einen Arbeitsplatz außer Haus brauchte. Ich fand ihn in einer alten Schule, die nach der Wende in ein »Künstlerhaus« verwandelt worden war. Mein Mitbewohner Thorsten, der als freier Journalist arbeitete, teilte sich mit zwei anderen Journalisten, zwei Fotografen und einer Malerin drei große Räume. Das Atelier war zwar nicht gerade repräsentativ (mein Redaktionsleiter war etwas geschockt, als er das erste Mal zu Besuch kam und ich den Kaffeebecher im Flur neben den Pinseln auswusch), aber es kostete einen Spottpreis an Miete. Im Sommer spielten wir Tischtennis vor dem Haus oder grillten auf der Wiese nebenan. Wären nicht ab und zu eine Pressekonferenz, Landtagswahlen oder ein Papstskandal dazwischengekommen, hätte ich glatt vergessen, warum ich hier war.

So wie ich auch Franz schnell vergaß. Nachdem er mich bei meiner Ankunft am Bahnhof versetzt hatte (er war mit dem Fahrrad gestürzt und mit gebrochenem Arm im Krankenhaus gelandet, immerhin eine Entschuldigung, die ich gelten lassen konnte), hatten wir uns noch zweimal getroffen. Doch etwas hatte sich verändert. Die Ernsthaftigkeit, die mich in Paris noch so beeindruckt hatte, schien mir plötzlich Ausdruck seiner Frustration zu sein. In seinem Schweigen lag keine Tiefe, sondern Ratlosigkeit. Er scheute vor Nähe zurück wie ein Pferd vor einer zu großen Hürde und trat stattdessen auf der Stelle. Er war mir langweilig geworden.

Aber ich bin ihm noch heute dankbar, dass er mich nach Berlin geholt hat.

Unterbrich mich nicht!

Womit kann man einen Deutschen am meisten ärgern? Ganz einfach. Man muss ihm nur mehrmals hintereinander ins Wort fallen. Die Reaktion lässt nicht lange auf sich warten: »Wären Sie so freundlich, mich ausreden zu lassen?«

Offenbar ist es sehr unhöflich, jemanden zu unterbrechen. Man braucht sich nur mal eine politische Talkrunde im Fernsehen anzusehen: Jeder Gast wartet geduldig, bis er an die Reihe kommt. Verstößt jemand gegen die Regeln, wird das als Eklat empfunden, und der Moderator muss zusehen, dass er schnell wieder für Ruhe und Ordnung sorgt. Schade. Denn erst jetzt wird es interessant.

In meinem Land glaubt kein Mensch, dass es eine Debatte behindert, wenn man seinem Nachbarn ins Wort fällt. Im Gegenteil, das heizt die Diskussion erst richtig an. Spontaneität und Emotionen haben hier Priorität, selbst wenn das manchmal fast im Handgemenge enden sollte und kein Zuschauer der Debatte mehr folgen kann – na wennschon.

In Deutschland zieht man einen strukturierten und

wohlüberlegten Dialog einem Sturm der Argumente und Gefühle vor. Vielleicht eignet sich auch die deutsche Sprache nicht für ein solches Durcheinander. Tatsächlich ist der Sprechrhythmus eines Deutschen langsamer als der eines Franzosen oder Italieners. Was besonders auffällt, wenn man sich die Kommentare bei Fußballspielen anhört. In Frankreich steigt das Sprechtempo mit der Spannung. In Deutschland gestattet man sich allenfalls ein wenig Euphorie, wenn ein Tor fällt. Deutsche Kommentatoren reden nur von Fußball. Ihre französischen Kollegen geben auch gerne Anekdoten zum Besten, die nichts mit dem Spiel zu tun haben. Sie suchen die Zuschauerränge nach Prominenten ab, halten ausufernde Diskurse über das Liebesleben von Thierry Henry oder berichten ohne erkennbaren Anlass über eine Schulklasse aus der Auvergne, die extra zu diesem Spiel angereist ist. Aber eigentlich tut das alles kaum etwas zur Sache, niemand folgt ihren verschwurbelten Monologen, und wenn ein Tor fällt, ist alles zuvor Gesagte sofort wieder vergessen.

In der deutschen Diskussionskultur hat Offenheit einen hohen Stellenwert. Kritik ist ebenso wichtig wie ein Kompliment.

»Hat dir mein Dessert geschmeckt?«

»Geht so.«

Oder:

»Wie findest du meine neue Freundin?«

»Sie wirkt ein bisschen aggressiv.«

Anfangs hat mich eine solche Antwort verletzt oder

verärgert. Deutsche finden nichts dabei. Sie scheinen der Meinung zu sein, dass man dem anderen einen Gefallen tut, wenn man Dinge offen anspricht. Vielleicht wollen sie auch nur präzise sein. Oder sie haben Angst davor, einen mit Banalitäten zu langweilen. »Guten Tag, wie geht's, o ja, phantastisch.« Was für einen Franzosen verbindlich klingt, wirkt auf viele Deutsche gekünstelt. Hier mag man es nüchtern und ohne Umschweife. So wie im deutschen Pop. Meine deutschen Freunde machen sich bei jeder Gelegenheit über die »großen Gefühle« im französischen Chanson lustig. »J'aurais voulu t'écrire des lettres à fleur de peau, j'aurais voulu te dire des mots nouveaux, j'aurais voulu changé le jour, la nuit« (Ich hätte dir gern blütenzarte Briefe geschrieben, ich hätte dir gern neue Worte gesagt, ich hätte gern die Nacht mit dem Tag vertauscht) singt Marc Lavoine, und wir Franzosen summen begeistert mit. Doch in Deutschland gilt Pathos als Kitsch, und Kitsch ist nur etwas für schwer Verliebte.

Franzosen versehen sogar ihre Kritik mit einem kräftigen Zuckerguss: »Dein Kuchen schmeckt köstlich, das hast du großartig gemacht, nein wirklich, ein sehr interessanter Geschmack, extravagant, was hast du für Zutaten benutzt?« Jeder wird die Botschaft verstehen, ohne dass man es explizit sagen muss.

Doch mit der Zeit habe ich die deutsche Dialogkultur schätzen gelernt. Das gilt besonders für die Politik. Jeder Gesetzesentwurf löst eine intensive Debatte zwischen den Parteien und verschiedenen Interessengruppen aus. Und im gleichen Geist finden auch Lohnverhandlungen zwischen Arbeitgebern und Gewerkschaften statt. Die Unabhängigkeit der Sozialpartner und das Mitbestimmungssystem garantieren einen Dialog von Gleich zu Gleich. Es wird geredet ohne Ende. Dadurch werden soziale Konflikte zwar auch nicht schneller gelöst, aber immerhin kann keiner sagen, man hätte nicht vorher drüber geredet.

Flirten – eine dem Deutschen fremde Kunst

Seit über zwei Stunden liege ich im Park auf dem Rasen. Und noch immer nichts! Drei Kapitel eines Krimis von Fred Vargas habe ich gelesen, und mein einziger Störenfried war der Wind.

Nicht ein Mann hat sich mir genähert. Selbst die Blicke sind diskret. Was ist los? Was ich heute Morgen im Spiegel gesehen habe, war alles andere als abstoßend. Um meine Vorzüge zur Geltung zu bringen, habe ich einen indigoblauen Minirock angezogen und mein langes blondes Haar mit einem schwarzen Haarband geschmückt. Offensichtlich trifft das nicht den Geschmack der Männerwelt. Aber auch die anderen Frauen scheinen nicht mehr Glück zu haben als ich. Viele sitzen wie ich schon seit Stunden im Park und sind ebenfalls noch mit ihrem Korb und ihrem Buch allein. Es scheint ihnen auch nichts auszumachen.

Aber wir in Deutschland lebenden Französinnen leiden darunter! Wir fühlen uns unsichtbar, nicht existent, wertlos. Seit ich wegen Franz nach Berlin gekommen bin, ist auf der Flirtebene so gut wie nichts passiert.

Mit den Blicken der Männer fangen die Probleme an. Gucken sie überhaupt, dann betont unauffällig. Daran ändern auch ein kurzer Rock oder ein figurbetontes Kleid nichts. Niemand pfeift einem hinterher, macht Komplimente oder versucht irgendeine andere Art des Annäherungsversuchs. Von einer Einladung zum Kaffee ganz zu schweigen. Manchmal denke ich, dass ich nackt durch die Straßen laufen müsste, damit jemand reagiert. Inzwischen bin ich so weit, dass ich schon vor Freude ganz aus dem Häuschen bin, wenn mich ein Bauarbeiter ein bisschen intensiver ansieht.

Nur zweimal ist es mir passiert, dass ein fremder Mann versuchte, mit mir zu flirten. Der erste sprach mich am Ausgang des U-Bahnhofs Friedrichstraße an.

»Du machst nicht zufällig einen Salsakurs?«

»Nein, bestimmt nicht«, entgegnete ich etwas überrascht.

»Wie heißt du? Ich bin Jan.«

»Cécile.«

»Hübscher Name. Und, Cécile, hast du nicht Lust, dich zu einem Kurs anzumelden?«, versuchte er es.

»Nein, ich mag Salsa nicht«, erklärte ich.

Damit war die Sache für ihn gegessen, und er ging verärgert weiter. Ich auch. Ein bisschen mehr Engagement hätte ich doch erwartet.

Ein paar Monate später, mit Martin, hatte ich etwas mehr Glück. Wir waren uns bei einem Essen bei Thorsten begegnet, und er hatte mich (tatsächlich!) um meine Telefonnummer gebeten. Eine Woche später trafen wir uns in einem Café. Er gefiel mir, und ich hoffte, dass es bei ihm ähnlich war. Doch die Atmosphäre und unsere Gesprächsthemen irritierten mich. Er überhäufte mich mit Fachfragen zu Literatur und Musik.

»Was hältst du von der Ironie bei Max Frisch? Also, ich finde das Album *African Magic* von Abdullah Ibrahim ja ein bisschen zu spirituell, was denkst du?«

Ich kam mir vor wie bei einem Vorstellungsgespräch. In seinem Blick und seinen Gesten konnte ich nicht die leiseste Spur von Sinnlichkeit ausmachen. Er versuchte auch nicht, mich zu küssen.

Ich traf ihn ein zweites, dann ein drittes Mal. Ohne Erfolg.

»Er hat ein Problem. Entweder ist er schwul, oder er ist total verklemmt. In beiden Fällen solltest du die Finger von ihm lassen«, riet Ophélie, meine beste französische Freundin, am Telefon. Das war mir keine große Hilfe, denn um mich herum konnte ich jede Menge ähnliche Beispiele beobachten. Viele deutsche Frauen erzählten mir von unzähligen Dates. Offenbar musste man sich erst fünf- oder sechsmal treffen, bevor man sich küsste. Als wollten die Männer einen erst einmal gründlich unter die Lupe nehmen, ehe sie das Risiko einer Affäre eingingen.

Weil sie sich nicht festlegen wollen, vermeiden viele Männer jede Geste, die einer Frau das Gefühl geben könnte, etwas Besonderes zu sein: Sie zum Essen einzuladen, ihr die Tür aufzuhalten oder den Koffer zu tragen scheinen Relikte einer längst untergegangenen Welt. Das im Französischen noch hochaktuelle Adjektiv »galant« scheint im Deutschen vollends aus der Mode gekommen. Die deutschen Feministinnen können sich freuen, in dieser Hinsicht ist die Frau dem Mann wirklich gleichgestellt: Sie wird weder besser noch schlechter behandelt, sondern schlicht und einfach als Mensch. Das Spiel der Verführung und der Flirt sind auf dem Altar der Gleichberechtigung geopfert worden.

Die Deutschen haben sich so sehr daran gewöhnt, dass sie ein etwas direkteres und sinnlicheres Verhalten sofort als vulgär empfinden.

So wie eines Abends in einem Berliner Club, als ein guter Freund von uns ungewöhnlich forsch vorgegangen war. Immer wieder hatte er mich auf die Tanzfläche geschleppt und mit steigendem Alkoholpegel dann seiner Zuneigung freien Lauf gelassen und mich auf den Hals geküsst. In Frankreich wäre das nicht der Rede wert gewesen, aber nach mehreren Monaten in Deutschland war es ein Ereignis. »Das ist ja ekelhaft!«, rief Silke, meine erste deutsche Freundin, die ich durch Thorsten kennengelernt hatte und die eine der verlässlichsten Menschen auf Erden ist. Nie würde sie eine Verabredung vergessen, ihr Wort brechen oder schlecht über jemanden reden. Nur wenn jemand mit ihrem Weltbild kollidierte, reagierte sie mit Unverständnis.

Ich verstand die Welt nicht mehr. »Wieso traut sich hier kein Mann an einen ran?«, fragte ich Thorsten. »Man muss sich in Zurückhaltung üben, um den

Frauen zu signalisieren, dass man sie respektiert«, meinte er. Was die Annäherung nicht gerade erleichtert, dachte ich.

In puncto Anmache verlieren die französischen Männer keine Zeit. Und verführen, als ob es keinen Morgen gäbe. Flirten wird hier als Volkssport betrieben, und je häufiger man sein Glück versucht, desto größer ist die Trefferquote.

Der Flirt gehört ebenso zum Kodex zwischenmenschlicher Beziehungen wie die Höflichkeit. Er hält jede Woche – oder für die Begehrtesten auch jeden Tag – Überraschungen bereit: Blumen oder einen glühenden Liebesbrief von einem Unbekannten, ein Kompliment auf der Straße oder eine Einladung zum Kaffee. In Frankreich kann man sich als Frau keine Viertelstunde in einen Park setzen, ohne angesprochen zu werden. Ich erinnere mich noch gut an einen Sommernachmittag am Canal Saint Martin, einem Viertel im Pariser Osten. Ich hielt die Hitze in meiner Wohnung nicht mehr aus und beschloss, draußen ein wenig frische Luft zu schnappen. Kaum hatte ich es mir am Ufer des Kanals mit einem Buch bequem gemacht, kam schon ein Mann auf mich zu.

»Wie heißen Sie, Mademoiselle?«

»Hören Sie, ich wäre gern allein.«

»Wie Sie wollen, aber das ist sehr schade!«

Fünf Minuten später setzte sich ein anderer Mann neben mich.

»Sind Sie allein?«, säuselte er.

»Ja, aber –«

Noch bevor ich etwas sagen konnte, schlug er mir vor, einen Kaffee trinken zu gehen. Ich lehnte ab, er redete weiter auf mich ein. Es fiel mir nicht leicht, ihn abzuweisen, denn er hatte ein charmantes Lächeln. Um diesem Spielchen ein Ende zu setzen, gab ich eine dringende Verabredung vor und kehrte überstürzt nach Hause zurück.

Dieses Ritual macht vor keinem Gesellschaftsbereich halt. Ob man bei der Arbeit ist oder bei Freunden, im Urlaub oder auf einem Familientreffen – jede Gelegenheit ist gerade recht, um sein Verlangen zum Ausdruck zu bringen. So ist es keineswegs ungewöhnlich, dass Abgeordnete der Nationalversammlung hübschen Kolleginnen hinterherpfeifen. Was in Paris gerade einmal ein Grinsen hervorruft, hätte im Bundestag vermutlich eine Anzeige wegen sexueller Belästigung zur Folge.

Dieser Mentalitätsunterschied wurde mir wieder in aller Deutlichkeit bewusst, als einmal ein französischer Minister in Berlin zu Besuch war. Nach einer Versammlung, an der auch ich als Korrespondentin teilgenommen hatte, fragte er mich, ob ich bei seinem nächsten Besuch in der deutschen Hauptstadt wieder da wäre. Ich schüttelte den Kopf, denn zu dem Termin musste ich zu einem Parteikongress nach Hannover. »Dann schicke ich jemand anders«, erwiderte er mit einem breiten Lächeln.

Nach ein paar Jahren in Deutschland war ich an so etwas gar nicht mehr gewöhnt. Noch nie war ein deutscher Minister, Abgeordneter oder anderer Vertreter der Politik derart forsch gewesen.

Hier scheinen sich die Männer mehr um die Folgen eines Neins zu sorgen als um ein mögliches Ja. Lieber lassen sie sich eine Gelegenheit entgehen, als dass sie sich der Demütigung einer Zurückweisung aussetzen. Wird sie es weitererzählen? Was soll ich meinen Freunden sagen?

Kein Wunder, dass sich das Singledasein oft über Monate, manchmal sogar Jahre hinzieht. Martin brauchte drei Monate, um mich zu küssen. Dafür ist er seither der Mann an meiner Seite.

Nur manchmal beneiden die Französinnen die deutschen Frauen darum, dass sie sich völlig unverbindlich mit einem Mann treffen können. »Es ist doch schön, Zeit mit einem Mann zu verbringen, den man nicht gut kennt, ohne dass er gleich über einen herfällt«, sagte eine französische Freundin, als ich ihr von den deutschen Sitten erzählte.

Denn auch für diejenige, die einmal nicht in Flirtlaune ist, gibt es kein Entkommen. Um nicht belästigt zu werden, haben die Französinnen gelernt, ihr Verhalten dementsprechend zu adaptieren. Sie vermeiden es, Männern in die Augen zu sehen, denken morgens zweimal darüber nach, ob sie einen Rock (ein Verführungsmagnet) anziehen sollen, und lehnen jede Einladung zum Essen ab, wenn sie nicht auf ein Abenteuer aus sind.

Als ich das Thema eines Abends mit ein paar deutschen Freunden in der Kneipe diskutierte, kamen wir zu folgendem Schluss: Eine Mischung aus beiden Typen wäre der perfekte Mann. Ein Verführer, der sich Zeit lässt und einen respektvoll behandelt, der aber auch die Initiative ergreifen kann, wenn es sein muss. Ein Hoch auf den deutsch-französischen Mann!

»Zusammen oder getrennt?«

Die Rechnung zu bezahlen, das ist in Deutschland ein heikler Moment. Als ich diese Erfahrung zum ersten Mal machte, dachte ich, dass ich an eine wenig feinfühlige Kellnerin geraten war. Kurz nach unserem Kennenlernen hatte mich Martin zum Brunch in ein Café am Paul-Lincke-Ufer in Kreuzberg geführt. Alles war perfekt: Das mit Möbeln aus den zwanziger Jahren dekorierte Ambiente war charmant, das Buffet köstlich, das Publikum jung und sympathisch. Nach dem Essen beschlossen wir, einen kleinen Verdauungsspaziergang am Kanal zu machen, und Martin gab der Kellnerin durch Zeichen zu verstehen, dass wir gehen wollten. Sie kam sofort und sprach die in Deutschland übliche, für mich in dem Moment jedoch völlig neue Formel: »Zusammen oder getrennt?« Ich zuckte zusammen, überrascht darüber, dass sie genau wissen wollte, wie wir die Bezahlung unseres Essens aufzuteilen gedachten. Die Frage machte mich verlegen, und ich wusste nicht, was ich antworten sollte. Ich fand, dass er mich einladen sollte, wagte aber nicht, es ihm zu sagen. Zu meiner großen Erleichterung rettete er die Situation und sagte: »Zusammen!«

Das war aber noch nicht alles. Sie blieb wie angewurzelt neben unserem Tisch stehen, um langwierig nach Wechselgeld zu suchen. Also nannte mein Freund ihr eine Summe, die über dem Rechnungsbetrag lag, und ich verstand, dass er ihr auf diese Weise ihr Trinkgeld gab.

Ich empfand diese Vorgehensweise als vollkommen taktlos. Kaum hat die Kellnerin die Rechnung auf den Tisch gelegt, muss man auch schon die Höhe des Trinkgeldes festlegen. So fühlt sich natürlich jeder verpflichtet, ein kleines Extra zu zahlen, auch wenn die Leistung nicht den Anforderungen entsprochen hat oder der Service wie so oft in den vielen Berliner Cafés so gut wie nicht vorhanden war. Längst hat diese Trinkgeldregelung übertriebene Ausmaße angenommen, und man zahlt sogar bei einem simplen Cappuccino drauf. In Paris würde außer einem Touristen niemand auch nur einen Cent mehr zahlen, schließlich sind die Preise schon hoch genug. In Deutschland aber musste ich mich dieser Sitte schnell beugen, um keine bösen Blicke oder, schlimmer, unfreundliche Bemerkungen zu riskieren.

Ein paar Monate nachdem ich nach Deutschland gezogen war, lernte ich, dass es nicht ungewöhnlich ist, getrennt zu bezahlen, wenn Männer und Frauen und sogar Paare zusammen ins Restaurant gehen. Diese Erfahrung hatte ich schon einmal mit einem

Deutschen in Paris gemacht. Ein deutscher Student, der an der Uni von Nanterre denselben Kurs belegte wie ich, hatte mir vorgeschlagen, zusammen einen Kaffee trinken zu gehen. Ich fand ihn zwar nett, darüber hinaus aber interessierte er mich nicht besonders. Er war in einer kleinen Stadt in Baden-Württemberg aufgewachsen und freute sich, ein Jahr in Frankreich zu verbringen. Zu meiner großen Überraschung zahlte er nur seinen Kaffee, statt mich einzuladen. Was mich damals am meisten ärgerte, war, dass er derjenige gewesen war, der so auf diese Verabredung gedrängt hatte. Für mich war das ein unglaublicher Fauxpas. Und ein Grund mehr, ihn nicht wiederzusehen, zumal er mich ohnehin nicht besonders gefesselt hatte.

Auf der anderen Seite des Rheins – denn so nennen wir Franzosen Deutschland hin und wieder zur Abwechslung – ist diese Art, die Rechnung zu begleichen, vor allem unter Freunden weit verbreitet. Und es zahlt nicht nur jeder exakt das, was er bestellt hat, jeder gibt der Bedienung auch ein Trinkgeld.

In Frankreich legt der Kellner die »Schmerzhafte« (so nennt man die Rechnung) auf den Tisch – meist auf der Seite des Mannes –, dann entfernt er sich, um die Gäste in Ruhe und aller Diskretion entscheiden zu lassen, wie sie bezahlen wollen. Die Rechnung zu teilen ist bei Paaren nicht üblich. Ganz zu schweigen davon, auf den Cent genau zu zahlen, was man konsumiert hat. In der Regel lädt einer den anderen ein, in den meisten Fällen ist das der Mann. Das Geld lässt man auf dem Tisch liegen, wo der Kellner es dann ein paar Minuten später einsammelt. So funktioniert die stillschweigende Übereinkunft zwischen dem Lokal und dem Gast.

Die Deutschen scheinen ein geradezu manisches Verhältnis zum Geld zu haben. Und das kann nicht nur an alarmierenden Nachrichten über die neue Armut liegen.

Der Wahn, Preise zu vergleichen, fördert eine Kultur des Neides, die die Seiten der Klatschpresse füllt.

In regelmäßigen Abständen ereifert man sich in den Zeitschriftenkolumnen über Managergehälter, die in himmelschreiendem Kontrast zu denen Normalsterblicher stehen. Reichtum hat oft einen negativen Beigeschmack und muss in bester protestantischer Tradition diskret bleiben. Wer eine Rolex trägt oder einen Luxuswagen fährt, wird oft schief angesehen. Ein verschwenderisches Auftreten ruft eher Vorwürfe als Bewunderung hervor, ganz gleich, wie dick das Bankkonto ist. Die Deutschen gefallen sich in der Rolle der Sparweltmeister, selbst in Zeiten starken Wirtschaftswachstums. Sich verschulden und Kredite anhäufen zählt nicht zu den deutschen Tugenden. Aus den gleichen Gründen ist die Benutzung der Kreditkarte nicht sehr verbreitet. Lieber zahlt man bar, um den Überblick über die Ausgaben zu behalten. Die Franzosen, die neu in Berlin sind, bekommen das oft bitter zu spüren, wenn sie im Supermarkt, Restaurant oder Kino ihre Kreditkarte zücken. Wie oft musste ich mich auf die Suche nach einem Geldautomaten machen, weil ich wieder einmal versucht hatte, mit meiner Visa-Card zu bezahlen.

In Frankreich bleibt das Konsumverhalten selbst in Zeiten einer Rezession auf einem relativ hohen Niveau. Eine gewisse Genusssucht treibt uns dazu, selbst in schwierigen Zeiten Geld auszugeben. Ein Franzose würde kaum darauf verzichten, ein komplettes Menü mit Vorspeise, Hauptgericht und Dessert zu bestellen. Ein Deutscher begnügt sich mit einem Hauptgericht. Vielleicht ahnt er gar nicht, was er sich da entgehen lässt.

Mann oder *mauviette*?

Als ich das erste Mal in den Badezimmerschrank von Martin schaute und entdeckte, dass dort nicht nur ein Deo stand, sondern auch eine Gesichtscreme, eine Körperlotion und ein Bimsstein lagen, machte ich mir Sorgen über seine sexuelle Identität. Ich fragte Tamara, was sie davon hielt. Tamara war seit Jahren Single und hatte so ein enzyklopädisches Wissen über die Spezies Mann angesammelt. Seit wir eines Nachts nach einem Kneipenabend mit Martins Freunden bis vier Uhr morgens an der Theke versackt waren, waren wir die besten Freundinnen. »Hatte einer deiner Männer eine Gesichts- und eine Körpercreme?« Sie guckte mich etwas perplex an: »Ja klar, wieso?« Es schien völlig normal zu sein.

Mein letzter französischer Freund nahm nie Deo. Hornhaut unter den Füßen war ihm auch egal. Und ihn des Eincremens zu bezichtigen wäre einer Beleidigung gleichgekommen. »Ich bin doch kein *mauviette*, kein Weichei«, sagte er. Ich hätte nichts gegen Deo gehabt, dachte aber nur: »So sind die Männer!«

In Frankreich genießt ein Mann in vollen Zügen seine Identität, und dazu gehört eben auch: sein Geruch. Wenn man auf Französisch sagt, »il a des couilles« (er hat Eier), bedeutet das, dass er ein richtiger Mann ist.

Der deutsche Mann scheint dagegen eher ein Weichei zu sein.

In meinem Land wäre es für eine Frau unmöglich, die Rechnung im Restaurant zu bezahlen, sich selbst den Wein nachzuschenken oder allein den Koffer zu tragen. Aber wenn man gerade in einer festen Beziehung lebt, wäre es komisch, mit einem Mann, den man gerade kennengelernt hat, ins Restaurant zu gehen. Aus gutem Grund. Wenn man eine solche Einladung in Frankreich akzeptiert, ist klar, worum es geht: eine Affäre.

Der französische Mann muss seine Frau also energisch gegen die Konkurrenz schützen. Vielleicht zeigen sich französische Paare auch deswegen immer so eng verbunden in der Öffentlichkeit. Indem er seine Arme lianengleich um ihre Taille schlingt oder schraubstockartig ihre Schulter umschließt, macht der französische Mann klar, dass es sich um seine Frau handelt.

Die deutschen Männer sind darin, nun ja, etwas lockerer. Martin hat mir ziemlich schnell angeboten, die Rechnung zu teilen. Ebenso schnell, wie er durch die Türen ging – ohne sie mir vorher aufzuhalten. Und wenn ich mich nicht selbst bedient hätte, wäre ich bald verdurstet.

Auch auf Partys verschwand er schnell in der Menge und schaute nur ab und zu bei mir vorbei. Da war er nicht der Einzige. Jeder ging seiner Wege. Paare, die gemeinsam den Abend verbrachten, schienen geradezu verpönt zu sein.

»Schlimm, wie die klammern«, meinte Tamara, als wir zusammen auf einer Party herumstanden, und zeigte auf ein Paar, das schon den ganzen Abend unzertrennlich beisammensaß. Ich verstand nicht genau, was sie meinte. Für mich sahen die beiden eigentlich ganz glücklich aus.

»Was meint man mit klammern?«, fragte ich Martin am nächsten Tag. »Wenn einer nicht vom anderen lassen kann«, sagte er und guckte dabei so, als handle es sich um eine der niedersten menschlichen Eigenschaften. Seitdem versuche ich meine Partys für mich zu genießen und flirte mit anderen Männern.

Die geringe Machohaftigkeit meines Freundes wirkte sich aber auch auf ganz praktischer Ebene aus. Er konnte weder Gardinenstangen anbringen noch Schränke aufbauen. Und er versuchte es auch gar nicht. So wurde ich wohl oder übel selbst zum Handwerker.

Immerhin entdeckte ich auf diese Weise die Baumärkte Deutschlands. Hier gab es wahrhaftig alles, was sich der Heimwerker wünschen konnte, und jedem Regalbrett lag eine Anleitung bei, dick wie drei Bände von Proust. Dazu war das Personal so geduldig und routiniert im Erklären der Fachbegriffe, dass ich auf den Gedanken kam, nicht die einzige Frau zu sein, die zu Hause selber basteln musste. Vielleicht cremten sich all die Männer gerade ihre Hände ein, während ihre Frauen Dübel in die Wand bohrten?

»Was willst du, einen alten Macho?«, fragte Ophélie, als ich mich bei ihr am Telefon über die laschen deutschen Männer beklagte.

»Nein, aber ich will Aufmerksamkeit!«, sagte ich.

Die Französinnen genießen es, dass die Männer mutig sind. Dass sie sich nicht scheuen, eine Unbekannte zum Kaffee einzuladen oder sie am Ende eines Geschäftsmittagessens zu küssen versuchen.

»Hast du vergessen, was für faule, verzogene Machos die französischen Männer sind?«, rief Ophélie völlig entgeistert am anderen Ende der Leitung. »Von einer festen Bindung mit einem französischen Macho würde ich jeder Frau unter dreißig dringend abraten!« Sie hatte ja recht. Denn vom Haushalt hat der französische Mann oft keine Ahnung. Er weiß weder, wie man die Spülmaschine anmacht, noch hat er jemals ein Bügeleisen angefasst. Um es ihm beizubringen, muss man gegen zwanzig Jahre schlechter Erziehung ankämpfen. Eine Sisyphusarbeit. Hat man den Stein einmal hinaufgerollt, kommt die *maman* vorbei und holt seine Hemden zum Bügeln ab. Oder er wohnt ohnehin noch zu Hause bei den Eltern. Das ist zwar gerade in Paris wegen der hohen Mieten oft eine Notwendigkeit, mündet aber leider meist in der totalen Bequemlichkeit.

Wenn ein französischer Mann mit 25 Jahren zum

ersten Mal allein in einem Supermarkt steht, ist er völlig orientierungslos. Um nicht verlorenzugehen, sucht er sich ganz schnell eine Frau, die ihm den Weg weist.

»Ma chérie, bist du dir sicher, dass du so einen willst?«, fragte mich Ophélie nochmals.

Die französische Frau muss in einer Familie so gut wie alles übernehmen. Kinder, Kochen, Einkaufen und ganz nebenbei noch einen Beruf. Denn erstaunlicherweise hat der französische Macho nichts dagegen einzuwenden, dass seine Frau arbeitet. Das ist auch in konservativen Kreisen selbstverständlich. Da die Kinder sowieso den ganzen Tag im Kindergarten oder in der Schule sind, gibt es einfach keinen Grund, warum die Frauen zu Hause bleiben sollten.

Fazit: Die französische Frau ist zwar sehr viel fortschrittlicher als die deutsche, ihr Mann ist es leider nicht. Und trotzdem kann ich nicht leugnen, was ich dachte, als ich im Badezimmer auf all die Cremetuben schaute: Wenn Martin doch nur ein bisschen mehr Macho wäre ...

Eine Frage der Technik

Eines Abends bei Martin in der WG hatte ich meine Zahnbürste vergessen (die Zeit der Zweitzahnbürste war noch nicht angebrochen). »Du kannst meine nehmen, sie steht rechts neben dem Waschbecken«, rief er mir aus der Küche zu. Rechts neben dem Waschbecken stand eine weiße Rakete in einer Halterung. Der Powerknopf blinkte startbereit, und es piepte mehrmals, als ich sie vorsichtig in den Mund steckte. Während es in mir vibrierte, kreisten meine Gedanken.

Wieso um alles in der Welt benutzte Martin eine elektrische Zahnbürste? Elektrische Zahnbürsten sind etwas für alte Leute oder Saubermänner. Martin war weder das eine noch das andere. Jedenfalls hatte ich das bislang geglaubt. Dass er sich jeden Morgen elektronisch seine Zähne reinigte, kam mir doch etwas komisch vor. »Biep«, die Zahnbürste piepte erneut aufdringlich. Ich stellte sie zurück und betrachtete meine Zähne im Spiegel. Sie sahen aus wie immer.

Martin saß in der Küche und blätterte in einer Zeitung. »Wieso benutzt du eigentlich eine elektrische Bürste?«, fragte ich bemüht nebenbei. »Ja, die funktioniert gut, nicht?«, antwortete er arglos. »Es dauert nur zwei Minuten, und man kann sich sicher sein, dass die Zähne am Ende sauber sind. So steht es jedenfalls in der Anleitung.« In meinem Gesicht stand nur ein großes Fragezeichen.

Ich lief mit meiner Zahnbürste normalerweise putzend durch die Wohnung, während ich parallel dazu meine E-Mail checkte, ein paar Klamotten aufräumte und mir überlegte, was ich anziehen sollte. Das konnte bis zu zehn Minuten dauern. Ich glaube, meine Zähne sind danach sehr sauber.

Aber für Martin geht es um die Technik. In Deutschland vertraut man den Geräten mehr als sich selbst.

Dass die Deutschen gute Maschinen herstellen, wusste ich schon als Kind. Ein Ingenieur aus Deutschland genießt blindes Vertrauen. Ein deutsches Auto ist ein Garant für Qualität, ein »Mercos«, wie wir den Mercedes nennen, noch immer ein Prestigeobjekt. Und mit einer deutschen Waschmaschine, einer »Miel«, ist man in Frankreich auf der sicheren Seite. Dass die Deutschen ebenso ihre eigene Technik bevorzugten, erschien mir logisch. Aber dass die Liebe zur Technik in Deutschland auch in den kleinen Geräten steckt, war mir neu.

Nach der Elektrobürstenerfahrung bei Martin gab mir die Küche seiner Eltern den Rest. Für alles gab es eine Maschine. Um frischen Saft zu trinken, drückte man die Hälfte einer Orange auf eine Presse, die sich durch den Druck mit lautem Surren in Bewegung setzte. Als ich die Milch mit einem Schneebesen aufschäumen wollte, brachte die Mutter mir stolz ein Gerät, das wie ein Thermometer aussah, nur dass eine kreisförmige Spule an einem Ende war. »Smmmmm« machte es, als sie den batteriebetriebenen Schäumer in den Topf hielt. Es klang ein bisschen wie Martins Zahnbürste. Und so ging es weiter.

Für die Suppe gab es einen Pürierstab, der Pfeffer rieselte aus einer elektrischen Mühle, und das Brot wurde mit einer Brotmaschine in ordentliche Scheiben geschnitten. Ein Festival der Technik. Nichts schien hier dem Zufall überlassen zu sein.

»Es ist so wenig sinnlich«, versuchte ich Martin meine Abneigung gegen den technischen Haushalt zu erklären. »Diese Brotmaschinen! Als ob es darauf ankommt, dass jede Scheibe exakt die gleiche Größe hat.« Die Haushaltsmaschinen schafften eine Distanz zur Nahrung. Statt mit den Händen ein Stück Baguette abzureißen, ließ man es von einer Maschine schneiden. Nach dem Orangenpressen hatte man keine klebrigen Finger. Und den Pürierstab hielt man am ausgestreckten Arm in den Topf. Nichts kleckerte oder spritzte, matschte oder patschte. Es roch nach nichts. »Die Küche soll eben ein sauberer Ort sein«, meinte Martins Mutter, »meine Mutter hatte sogar ein Schweißgerät, mit dem sie die Tiefkühlbeutel verschloss.«

Ich glaube, Martin bemerkte meinen entsetzten Blick, denn an diesem Abend kochten wir französisch. Wir schnitten Leber klein und ließen sie in spritzender Butter braten, hackten Kräuter, schlugen Eier auf und stopften das Huhn mit schmierigen Fingern. Es dauerte Stunden, und die Küche sah danach aus wie ein Saustall.

Zum Glück hatten wir eine gute deutsche Geschirrspülmaschine.

Nachrichten aus der Provinz

Seit Wochen herrscht Wahlkampf. Fachleute werten Umfragen aus, Fernsehreporter berichten von Wahlkampfveranstaltungen, Kommentatoren analysieren Parteistrategien und alle zwei Tage gibt es einen »Brennpunkt«. Am 27. Januar sind Landtagswahlen in Hessen.

Warum interessiert sich ganz Deutschland für ein solch regionales Ereignis?

Niemand in Paris würde auf die Idee kommen, sich derart für eine Landtagswahl zu interessieren. Wieso auch. Alles, was nicht Paris ist, hat keine Macht. Die Regionen können keine Gesetze verabschieden, und die exekutive Macht (und damit alles, was die Sicherheit betrifft) wird von den »Préfets« ausgeübt, die direkt vom Staatspräsidenten ernannt werden. Kein Mensch in Paris kennt die Präsidenten der Regionen, es sei denn, es sind Persönlichkeiten wie Ségolène Royal in Poitou Charentes.

In Deutschland kennt man die Kochs. In jedem Einbürgerungstest werden die Bundesländer abgefragt, und die Ministerpräsidenten können die

Tagesordnung in Berlin ordentlich stören, wenn sie wollen.

»Mit dem Föderalismus ist das bei uns eben eine ganz andere Geschichte«, meinte mein Kollege Thorsten, »ohne die Länder kann der Bund nichts machen.«

Und auch ich würde nicht ohne sie auskommen. Und will es auch gar nicht. Meine Reportagen aus der deutschen Provinz wurden für mich wie Reisen in ein neues Land. Jede Region hat nicht nur ihren eigenen Dialekt, ihre eigenen Volksfeste und Gebräuche. Jede mittlere deutsche Stadt hat auch ein eigenes Stadt-museum, Kunstvereine, ein Theater, eine Oper und manchmal sogar eine eigene Philharmonie.

So viel Kultur habe ich in Frankreichs Provinz noch nie gesehen. Wie vernachlässigte Kinder lottern die Regionen vor sich hin, während Mutter Paris sich herausputzt.

In Deutschland hingegen zählt die ganze Familie. Zu jeder Gelegenheit beginnen deutsche Politiker zu sächseln oder Kölsch zu sprechen, um ihre Volksnähe zu demonstrieren. Ein ambitionierter Franzose wird sich hüten, nicht »richtig« Französisch zu sprechen.

Der Akzent in Südfrankreich klingt zwar nach Urlaub, aber ernst zu nehmen ist er damit nicht. Es gibt ein Bier, das nach dem Dialekt genannt wird: la cagole, das »vulgäre Mädchen«. Mit vulgären Mäd-chen spricht man nicht – man sagt ihnen, was sie zu tun haben.

Dass die Machtverhältnisse in Deutschland ganz

anders sind, ist meiner Redaktion schwer beizubringen. »Ist es wirklich wichtig, über diese Wahl in Hessen zu berichten?«, fragte mein Redakteur in Paris etwas skeptisch, als ich ihm meine Idee für die Vorberichterstattung erläutern wollte. Ich brauchte zwanzig Minuten, um ihn davon zu überzeugen, dass dies tatsächlich kein Provinztheater ist, sondern ganz Deutschland interessiert. »Na, wenn du meinst«, seufzte mein Redakteur endlich. Ich fuhr nach Hessen und stieg in den Wahlkampfbus, ausgestattet mit einem Wälzer zum Thema Föderalismus.

Nur an die Sprache hatte ich nicht gedacht. Ich habe schon Probleme, Hochdeutsch zu sprechen, jetzt verstand ich fast gar nichts mehr. Ihre verschwurbelten Sätze klangen in meinen Ohren wie ein einziges langes Wort. Nur die Reden der Kandidaten kannte ich bald auswendig. Es ging immer um die gleichen Themen, um den Frankfurter Flughafen, Emissionshandel und den Atomausstieg. Zum Abschluss belegten sie noch den jeweiligen Konkurrenten mit ein paar hessischen Schmähwörtern.

»Des find isch ferschterlisch!«, meinte ein hessischer Kollege, der mit mir in einer dieser endlosen Wahlkampfveranstaltungen saß. Ich wusste nicht genau, was er meinte, seinem Gesichtsausdruck nach zu urteilen war es jedoch nichts Gutes, und damit war ich ganz seiner Meinung. Auch mir ging die Kandidatin unheimlich auf die Nerven. »Sie nimmt sich so ernst, als ob sie bald zur Bundeskanzlerin gewählt würde«, kommentierte ich. Der Kollege nickte bloß.

»Und immer wieder dieses Atomthema«, meinte ich. Er seufzte, als hätte ich einiges nicht verstanden.

Ich hatte tatsächlich nichts verstanden. Jedenfalls nicht, wie hochsensibel das Thema Atom in Deutschland ist.

Als ich in meiner Redaktion anrief und zu dem Provinzwahlkampf auch noch eine Extra-Geschichte über den Atomausstieg machen wollte, stöhnte mein Redakteur laut auf. »Warum machen die Deutschen so ein Drama um die Atomenergie? Wann werden die endlich mal pragmatisch?«

In Frankreich lockt man mit dem Thema Atomenergie kaum jemanden hinter dem Ofen hervor. Und wenn es um alternative Energien geht, argumentieren die Politiker rein ästhetisch: »Die Windanlagen werden die Landschaft verunstalten.« Der Meinung war offensichtlich auch mein Redakteur.

Ich legte auf und schrieb »Atomenergie« auf die Liste meiner nicht realisierbaren Themen. Gleich darüber stand »Soldateneinsatz«. Wenn ich vorschlug, über eine Debatte im Bundestag über den Soldateneinsatz zu berichten, fragte mein Redakteur bloß: »Schon wieder?« In Frankreich genießen die Soldaten ein viel besseres Image, und deren Einsatz führt nicht jedes Mal zu einer Grundsatzfrage.

Nur mit einem konnte ich immer punkten: Geschichten über die Stasi oder über Nazis. Ich konnte noch so anregend von Familienpolitik, den letzten Zechenarbeitern und arbeitslosen Jugendlichen erzählen, am Ende der Leitung kam bloß ein müdes

Gähnen. Doch kaum fielen die Begriffe »Zweiter Weltkrieg« oder »DDR«, wachte mein Redakteur schlagartig auf. »Mach das!«, rief er ins Telefon, noch bevor ich das Thema ausgeführt hatte.

So wollte er mich unbedingt zu einer Neonazi-Demonstration in Dresden schicken, obwohl nur ein paar Dutzende dort aufmaschiert waren. Ich fand, dass wir den Neonazis zu viel Aufmerksamkeit schenkten, doch er wollte davon nichts hören.

Meistens ereilen mich solche Aufträge zum falschen Zeitpunkt. Immer wenn ich dachte, einen ruhigen Sonntag zu Hause verbringen zu können, machte die CDU Mist. »Ich verfluchte die CDU!«, schrie ich, und Martin musste über meinen Versprecher lachen, so wie er sich auch köstlich amüsierte, als ich mich am Anfang immer mit »Hier spricht das Fräulein Calla« am Telefon meldete, bis mir jemand riet, »Mademoiselle« vielleicht nicht wörtlich ins Deutsche zu übertragen.

Nach meiner Hessentour konnte mich jedoch nichts mehr schrecken. Als ich wieder in Berlin war, schlug ich Martin Äppelwoi zum Essen vor. »Was erzählst du da?«, fragte er leicht irritiert. »Isch babbel hessisch«, sagte ich. Martin fand das gar nicht lustig. Deutsche mögen ihre Dialekte, aber nicht, wenn man sie nachmacht.

»Wir kochen!«

»Wie hältst du das nur aus, ohne die gute französische Küche?«, fragt mich meine deutsche Freundin Silke immer wieder. Und ich gebe ihr immer wieder die gleiche Antwort: gar nicht. Und dann beginne ich mein Klagelied darüber, dass es im Supermarkt keine Wachteln oder Leberpastete gibt und die Auswahl an Joghurt und Käse mehr als dürftig ausfällt. Und, ach, selbst frisches Lammfleisch oder so simple Produkte wie Teig für Torten und Quiches gibt es hier einfach nicht!

In gastronomischer Hinsicht ist Deutschland ein Land der Extreme. Der Großteil der Bevölkerung begnügt sich mit einer kleinen Auswahl wenig raffinierter, mittelmäßiger Produkte, während eine Minderheit nur auf biologische Lebensmittel schwört oder sich dem Kochen als Hochleistungssport verschrieben hat. Dazwischen scheint es nichts zu geben, sprich: Kaum jemand bereitet unprätentiöse, aber gute Gerichte zu.

Als mich Silke eines Abends zum Essen einlud und dabei triumphierend verkündete: »Wir kochen Samstagabend!«, fragte ich mich als Erstes, ob ihre Küche den Rest der Woche kalt blieb. In Frankreich würde niemand auf die Idee kommen, jemanden zum Essen einzuladen und ergänzend hinzuzufügen: »Ich koche!«

Für viele Deutsche stellt Essen nur eine Aktivität dar, die den Fortbestand des Körpers gewährleistet, die aber nicht notwendigerweise lustvoll ist und erst recht nicht zwangsläufig in Gesellschaft stattfinden muss. Es ist keine Seltenheit, dass man alleine zu Mittag oder zu Abend isst, selbst wenn man in einer WG oder in einer Partnerschaft lebt. Wenn die Nudelreste vom Vortag für zwei nicht reichen, isst man lieber allein, anstatt sich mit weniger zu begnügen. Oder man bringt nicht die Geduld auf, bis zum späteren Abend zu warten, bis der Freund nach Hause kommt. »Ich warte doch nicht bis neun auf dich«, rechtfertigt sich Martin jedes Mal, wenn ich ihm Vorwürfe mache. Aber in meinen Augen ist so ein Verhalten ein Zeichen für mangelnde Lebensart. Ich würde lieber erst um Mitternacht essen, als allein vor meinem Teller zu sitzen. »Das liegt daran, dass wir abends oft kalt essen«, meinte Thorsten, als ich nachzuforschen versuchte, ob es nur mein Freund war, der sich so schlecht benahm. In seiner Familie habe es abends immer nur Brot mit Aufschnitt gegeben. »Jeden Abend? Aber das ist ja furchtbar!«, rief ich aus. Das gab es bei uns nur am Sonntag, wenn meine Mutter keine Lust mehr hatte, sich an den Herd zu stellen. Doch wie mir nach dem Gespräch mit Thorsten klarwurde, schien es eine deutsche Tradition zu sein. Der wollte ich mich nicht verwehren. Als Martin am nächsten Abend nach Hause kam, wartete ich schon am Küchentisch. Ich hatte Brot und Butter und bereits in Scheiben geschnittene Wurst auf einen Teller gelegt. Das Ergebnis sah nicht schlecht aus, etwas mager für meinen Geschmack. »Armenbrot ist fertig!«, rief ich ihm aus der Küche zu. Martin lachte. »Auch wenn es dir noch so dürftig vorkommt, es heißt Abendbrot.« Ich glaube, das war mein ehrlichster Versprecher.

In Frankreich essen wir mittags und abends warm, wenn es geht, mit Vorspeise und Dessert. Es muss nicht immer die große Küche sein, aber immer ist von allem etwas dabei: Gemüse, Fleisch und Milchprodukte. Die Deutschen machen sich zwar gerne lustig über die Franzosen, weil sie Schnecken, Geflügelklein oder Gänseleber auf ihrem Speiseplan stehen haben. Aber mit Sicherheit ist es gerade diese Vielfalt, die es den Franzosen erlaubt, ihre Linie zu halten. In der Tat hat Frankreich eine der niedrigsten Übergewichtsraten Europas, während Deutschland an der Spitze rangiert. Einer kürzlich veröffentlichten Studie zufolge haben 75,4 % der deutschen Männer Übergewicht, in Frankreich sind es dagegen nur 47,4 %.

Wenn ich die Kartoffel- und Pastaberge auf den Tellern sehe, wundert mich das gar nicht. Den Menüs in deutschen Restaurants fehlt es zudem eindeutig an Phantasie und Poesie. Die Gerichte werden mit unbarmherziger Präzision beschrieben: »Hackbraten mit Salzkartoffeln, dazu Gemüsebeilage aus Blumenkohl und grünen Bohnen (wahlweise)« oder »Schweineschnitzel mit Champignonrahmsauce und Salzkartoffeln«. In Frankreich dagegen lädt noch die Karte des kleinsten Bistros den Gast zum Träumen ein: Zicklein mit Spitzmorcheln, gedünsteten Navetten, marinierter Ziegenkäse mit getrockneten Oliven und Kräutern der Provence, Taschenkrebse auf Bohnengelee, Herzmuscheln, Vogelmiere und Brunnenkresse, karamellisierte Mille Feuilles an Mousse au Chocolat.

Glücklicherweise bin ich in Berlin in einen Freundeskreis geraten, der die große Küche liebt. Als meine neuen Freunde mich das erste Mal zum Essen eingeladen hatten, leuchteten anschließend meine Augen wie bei einem Kind, das man mit in den Zirkus genommen hat. Es war an einem Winterabend, wenige Wochen nach meiner Ankunft in Deutschland. Als ich bei Tamara ankam, standen dort ein Dutzend Leute in der Küche, die Gemüse schnitten, Fleisch marinierten und Saucen zubereiteten. Fehlten nur noch die weißen Schürzen und die Kupferkasserollen, und man hätte geglaubt, in das Reich eines Sternekochs geraten zu sein. Konservenbüchsen oder Fertigsaucen wären hier reinste Blasphemie gewesen. Nach ein paar Minuten bat Tamara uns an den Tisch. Als Vorspeise brachte sie einen Topf mit dampfender Gemüsesuppe.

Ich war von dieser Wahl ein wenig überrascht. In

Paris gilt Suppe als ein eher banales Gericht – zumal in allen französischen Supermärkten frische Suppen verkauft werden. Niemand würde auf die Idee kommen, eine Suppe als Vorspeise zu servieren. Abgesehen davon, dass keiner die Geduld aufbringt, stundenlang Gemüse zu schneiden. Und doch staunte ich über das, was ich auf meinem Teller vorfand. Es schmeckte nach alten Zeiten, nach den hausgemachten Suppen meiner Großmutter. Als Nächstes kamen Rumpsteaks mit goldbraun gebratenen kleinen Kartoffeln und in Butter geschwenkten grünen Bohnen auf den Tisch. *Ça a l'air délicieux!* Das sollte ein schlichtes Abendessen unter Freunden sein? »Es schmeckt wirklich köstlich, ganz delikat, hervorragend«, beglückwünschte ich Tamara mehrfach.

»Ach, ich bin sicher, dass du uns nächste Woche noch viel mehr beeindrucken wirst.«

Ein paar Sekunden lang fehlten mir die Worte, doch dann wurde mir schlagartig klar, dass sie meine vage Andeutung eines Essens – nachdem wir am Vorabend in einer Bar einige Mojitos getrunken hatten – als feste Einladung aufgefasst hatte. »Ja, ja, aber erwartet nicht zu viel«, stammelte ich. Beim Gedanken an meine Essenseinladung wurde ich nervös. Extrem nervös. Ich bin nämlich nicht gerade das, was man eine begnadete Köchin nennt, und verbringe nicht gerne Stunden am Herd. Unglücklicherweise konnte ich mir auch von den Supermärkten in unserer Umgebung keine Hilfe erhoffen. In Frankreich hätte ich mein Problem leicht lösen können. Dort gibt es eine wahre Flut von Fertiggerichten, die fast ebenso gut schmecken wie selbst zubereitetes Essen. Es gibt schmackhafte Quiches, köstliches Gemüse in Konserven und fertig zubereitetes Taboulé.

Ich beschloss, Charlotte anzurufen, eine französische Freundin von mir, die ich in Paris bei meinem Deutschkurs kennengelernt hatte. Sie war schon vor ein paar Jahren nach Köln gezogen und arbeitete dort als Übersetzerin. Sie würde mein Problem verstehen. »Was soll ich bloß tun?«, fragte ich sie. »Geh zum Kaufhof«, war ihre trockene Antwort. Und ich hatte Glück: Gerade war eine Lieferung französischer Delikatessen eingetroffen, Entenbrust mit einer Füllung aus Feigen und servierfertige Gänseleber. Ich zögerte nicht eine Sekunde. Dann kaufte ich noch Himbeertörtchen aus dem Gebäckregal und ein paar Jakobsmuscheln als Vorspeise. Jetzt ging es mir besser. Als ich die Ente auf den Tisch stellte, stießen alle Gäste begeisterte Schreie aus. »Oh, das sieht aber köstlich aus!«, sagte Tamara und nahm meine Hände. »Wie hast du die Ente gemacht?«, fragte Thorsten neugierig. »Ach, das war gar nicht so kompliziert, ich gebe dir das Rezept nach dem Essen«, sagte ich und hoffte inständig, mich so aus der Affäre ziehen zu können. Er nickte, und ich gab ihm ordentlich zu trinken, damit er dieses blöde Rezept vergaß, von dem ich nicht die leiseste Ahnung hatte. Hätten sie gewusst, dass sie Fertigprodukte vom Alexanderplatz aßen, wären sie vermutlich nicht ganz so beeindruckt gewesen. Doch meine Mission war geglückt: Ich blickte in eine Runde zufriedener Gesichter, die mit Hingabe meine Ente schlemmten. Meine Ente? Ach, egal. Hauptsache, ich hatte den Ruf der französischen Küche gerettet!

Sex, ein lästiges Thema?

»Das ist doch völlig albern!«, war die Reaktion von Martin nach seinem ersten Abend mit meinen Pariser Freunden. Wir waren zum ersten Mal gemeinsam nach Paris gefahren, und ich hatte ihm meine Stadt gezeigt: das Marais-Viertel, den Vogelmarkt auf der Île de la cité und meinen Lieblingsplatz am Canal St Martin. Am Abend hatte Ophélie einen *Apéritif dînatoire* organisiert und dafür alle Möbel in ihrem kleinen Appartement zur Seite geräumt. Auf ihrem Wohnzimmertisch türmten sich kleine Häppchen, Würstchen, Tomaten und Käse. Fast zehn Leute waren gekommen, um den »Deutschen« zu sehen, der mir den Kopf verdreht hatte.

Nach ein paar Stunden und ein paar Drinks schlug Romain, ein alter Studienfreund, ein kleines Spielchen vor: Trivial Pursuit mit Strafen für alle falschen Antworten. Das Spiel entgleiste schneller, als sich die Martiniflaschen leerten: Erst musste man seinen Sitznachbarn küssen, dann einen Arbeitskollegen anrufen und ihm ein schlüpfriges Angebot unterbreiten. Keine zehn Minuten später tanzte meine Freundin Ophélie im Slip, mehr schlecht als recht von einem herzförmigen Badezimmerteppich bedeckt, auf unserem Sofatisch. Eine Runde danach flog auch mein BH. Verdutzt sah mein Freund sich das Schauspiel an und goss sich nervös einen Weißwein nach dem anderen ein.

Am Ende des Abends wurde nur noch über Sex geredet. Während zwei ehemalige Schulkameraden unsere kleine Runde von den Freuden der Liebe zu dritt zu überzeugen suchten, erklärte eine befreundete Journalistin mit ernster Miene, dass nur ihr Vibrator sie auf Touren bringen könne. Ein dritter Freund berichtete zur allgemeinen Erheiterung von seiner ersten sexuellen Begegnung. Ich warf meinem Freund flüchtige Blicke zu, um zu sehen, wie er reagierte. Er hatte das Gesicht einer Sphinx aufgesetzt.

»Und bei dir, Martin? Wie war dein erstes Mal?«, rief Romain plötzlich.

»Ich kann mich nicht mehr dran erinnern«, entgegnete mein Freund kurz angebunden.

»Unsinn, so was vergisst man nicht, komm schon, nicht so schüchtern, wir sind neugierig«, bohrte Romain.

»Ich glaube nicht, dass das von allgemeinem Interesse ist.« Martins Tonfall ermunterte nicht gerade dazu, weiter nachzufragen. Ich war traurig, dass er nicht mitspielte, aber seine Antwort überraschte mich nicht.

Nie hatte ich einen solchen Abend in Berlin erlebt. Sexualität wird ausgeklammert, ganz so, als sei sie nicht Teil unseres Alltags oder als sei es kindisch, darüber zu sprechen. Über Sex spricht man allenfalls hinter verschlossenen Türen, und nur dann, wenn Probleme auftauchen. Ein einziges Mal konnte ich Vertraulichkeiten darüber austauschen, aber auch nur, weil eine Freundin sich eine Geschlechtskrankheit zugezogen hatte. Ein paar Wochen nach einem One-Night-Stand hatte ihr Gynäkologe bei ihr Herpes diagnostiziert, und tief beunruhigt hatte sie sich mir anvertraut. Das war das erste Mal nach fast zwei Jahren, dass wir über Sex sprachen.

Dabei kann man gewiss nicht behaupten, dass die sexuellen Phantasien der Deutschen weniger ausgeprägt sind als die anderer Völker. Der Erfolg von Romanen wie *Das sexuelle Leben der Catherine M.* oder unlängst *Feuchtgebiete* von Charlotte Roche schließen diese These aus, auch wenn die meisten ihr Interesse für sich behalten. Zum ersten Mal hat eine deutsche Autorin sich ungeachtet aller Tabus des Themas Sexualität angenommen und damit heftige Diskussionen ausgelöst. Als das Buch in Frankreich erschien, wunderte man sich höchstens ein wenig über die fehlende Erotik und die klinische Sprache.

In Paris ist Sex ein beliebtes Konversationsthema und immer eine willkommene Vorlage für kleine Witzchen – im Büro, unter Freunden oder im Fernsehen. Ein Blick auf die Literatur oder die Zeitschriften des Landes beweist, dass die gesamte Nation der Faszination dieses Themas erlegen ist. Der Ausdruck »baise-en-ville«, wörtlich übersetzt »Fick-in-der-

Stadt«, mit dem man eine kleine Tasche für die nötigsten Utensilien (Zahnbürste und Unterwäsche zum Wechseln) bezeichnet, demonstriert, wie sehr Sexualität unseren Alltag prägt. Ursprünglich Männern vorbehalten, die zu ihrer Geliebten gingen, hat dieser Ausdruck heute nichts Unanständiges mehr und kann von beiden Geschlechtern benutzt werden, um kundzutun, dass man die Nacht woanders verbringen wird. »Ich hab mein Baise-en-ville dabei« heißt lediglich, dass man vorhat, die Nacht bei dem anderen zu verbringen.

Auch Sätze wie »Er wurde letztens auf einem Swinger-Abend gesehen« lösen schon lange keinen Skandal mehr aus, sondern sind Teil des Party-Smalltalks. Zuweilen wirken sich Sexberichte auch karrierefördernd aus. Eine junge Journalistin, die sich in ihrem Ressort jahrelang zu Tode langweilte, konnte ein paar Sprossen der Karriereleiter hinaufsteigen, nachdem sie ein weitgehend autobiographisches Buch über ihre zahlreichen sexuellen Abenteuer mit anderen Mitgliedern der Redaktion veröffentlicht hatte.

Und so zeigt man sich auch Präsidenten gegenüber, die als Schwerenöter bekannt sind, sehr wohlwollend. Über Jacques Chirac erzählte man sich etwa, dass er »alles in allem dreißig Minuten brauchte, Dusche inbegriffen«. François Mitterands Liste an Liebhaberinnen war schier endlos. Und Félix Faure, einer der Präsidenten der dritten Republik, soll sogar in den Armen seiner Mätresse gestorben sein. Der

Orgasmus hatte ihm den Rest gegeben – so der Volksmund. Das bewegte Leben des aktuellen Staatschefs, Nicolas Sarkozy, fügt sich perfekt in diese Tradition ein.

Im Vergleich dazu nimmt sich der Mikrokosmos der Berliner Politik geradezu langweilig aus. Wie es um die Toleranz des Landes in Hinblick auf die öffentliche Erotik bestellt ist, kann man an den Reaktionen ablesen, die das Dekolleté der Kanzlerin im April 2008 bei einer Opernpremiere hervorgerufen hat. Auf Anraten ihrer Stylistin hatte sie ausnahmsweise einmal ihre Weiblichkeit betont und ein langes schwarzes Kleid angezogen, das ihren Brustansatz erkennen ließ. Angesichts der Aufregung, die daraus resultierte, fragt man sich, ob die politischen Journalisten und Beobachter vergessen haben, dass auch Frau Merkel aus Fleisch und Blut ist.

Auch dass ein ehemaliger Kanzler oder Minister sich im deutschen Fernsehen zu intimen Geständnissen hinreißen lässt, ist völlig unvorstellbar. Ganz anders in Frankreich. Michel Rocard, der ehemalige sozialistische Premierminister, wurde in »Darüber spricht die Welt«, einer der beliebtesten französischen Talkshows im neuen Jahrtausend, gefragt, ob für ihn ein Blowjob schon fremdgehen bedeute. Keinesfalls, antwortete er, ohne mit der Wimper zu zucken. Im deutschen Fernsehen wird ein Politiker eingeladen, um über Reformen, Gesetzesentwürfe oder Wahlen zu sprechen. Nur bei Beckmann, Kerner oder auf der Couch von »Wetten, dass ...?« dürfen die Politiker ein bisschen privat plaudern. Aber über ihr Sexleben? Eher weniger …

»In Paris redet man in der Öffentlichkeit ständig von Sexorgien, aber in Wirklichkeit läuft nicht viel«, meinte Thorsten.

Hatte er recht? Verbringen wir womöglich mehr Zeit damit, von der Liebe zu reden, als sie zu praktizieren? Vielleicht ist der Mythos vom Franzosen als großem Liebhaber längst überholt. Die Deutschen stellen sich im Bett bestimmt nicht ungeschickter an und sind in der Liebe vielleicht sogar natürlicher.

Nacktes Fleisch wird hier nicht schamhaft versteckt. Spaziert man im Sommer durch eine deutsche Stadt, bekommt man einen guten Eindruck von dieser Mentalität. Vor allem im Osten des Landes zeigen sich viele Deutsche im Urlaub gern im Adam- und Evakostüm. Dazu braucht man gar nicht erst an einen FKK-Strand zu gehen, jeder große Park oder See tut es auch, zumindest in der Umgebung von Berlin. Wenn man um den Wannsee oder den Liebnitzsee radelt, hat man das Gefühl, dass hinter jedem Gebüsch gleich ein nackter Mann hervorspringen könnte. Und als ich neulich zum ersten Mal in München durch den Englischen Garten spazierte, traf mich fast der Schlag: Alte Frauen mit schlaffen Brüsten, Männer mit dicken Bierbäuchen, gebräunte Fitnessfanatiker oder blasse Studenten lagen Seit an Seit – die freie Körperkultur scheint keine Grenzen zu kennen.

In Frankreich würde man sofort ein Bußgeld wegen Erregung öffentlichen Ärgernisses kassieren; sich unverhüllt zu zeigen gilt gesetzlich als sexueller Exhibitionismus. Auch die gemischte Sauna ist nahezu unbekannt. Die wenigen Saunen, die es in öffentlichen Schwimmbädern gibt, sind nach Geschlechtern getrennt und dürfen nur in Badebekleidung betreten werden, woran skandinavische Gäste der französischen Hauptstadt oft verzweifeln. Derartige Einrichtungen sind in Paris meist der *Libertinage,* der freien Liebe, gewidmet. Ihre Internetseiten versprechen »heiße« Aufenthalte und informieren den Interessenten, dass für den Kunden Gleitcreme und Kondome bereitgestellt werden.

Wer also in Frankreich seine Arbeitskollegen nach einer Sauna fragt, kassiert meist nicht mehr als ein anzügliches Grinsen … Daher konnte ich schließlich nur befremdet sein, mit welcher Selbstverständlichkeit in deutschen Saunen Männer und Frauen Seite an Seite schwitzen. *Oh mon Dieu!* Ich klammerte mich an mein Badetuch wie an eine Rettungsboje und setzte mich neben die einzige andere eingewickelte Frau.

Wie sich bald herausstellte, war auch sie eine Französin.

Küsschen, Küsschen

Die Deutschen küssen sich viel zu wenig. Wenn sie sich zum ersten Mal sehen, geben sie einander die Hand, und das selbst, wenn ein Freund sie vorstellt. Mir kam das mehr als unterkühlt vor.

Ich war es gewohnt, jeden auf die Wange zu küssen, der mir innerhalb der Familie oder im Freundeskreis vorgestellt wurde. Was zuweilen zu absurden Situationen führte, wenn ich im Laufe eines Abends etwa vierzig wildfremden Menschen meine Lippen auf die Wange drückte.

Kein Wunder also, dass die erste Frankreichreise für meinen Freund Martin ein Schock war. Als Erstes musste er bei einem Aperitif alle meine Freundinnen (ein gutes Dutzend) küssen. So weit, so gut; welcher Mann hat ernsthaft etwas dagegen, von einer Horde Mädels geküsst zu werden? Problematisch wurde es, als wir meine Eltern in der Normandie besuchten.

Wir saßen morgens friedlich im Garten und tranken Tee, als meine Mutter und meine Schwester uns entdeckten. Sie stürzten sich auf Martin, um ihn zu küssen und ihm einen guten Morgen zu wünschen!

»Oh, guten Morgen!«, sagte er, wobei er erstarrte und knallrot wurde.

»Haben Sie gut geschlafen?«, fragte ihn meine Mutter.

Noch leicht benommen vom Schlaf, verstand er die Frage nicht. Ich übersetzte sie ihm. »Ja, sehr gut, vielen Dank«, antwortete er.

»Gut, dann lassen wir euch mal in Ruhe frühstücken«, sagte meine Mutter übertrieben langsam und deutlich, als spreche sie mit einem Kleinkind.

Ein paar Minuten später fiel dann auch noch meine Cousine Marie über ihn her, eine kleine Brünette mit blauen Augen, die das Wochenende bei uns verbrachte.

»Schön, dich endlich kennenzulernen«, rief sie fröhlich und schlang die Arme um seinen Hals.

Martin zwang sich zu einem Lächeln und warf mir einen panischen Blick zu.

»Er scheint sich nicht so zu freuen«, sagte meine Cousine an mich gewandt und warf sich divenhaft in Pose.

»Du musst bei ihm nur etwas zurückhaltender sein, er ist solche Gefühlsausbrüche nicht gewohnt«, entgegnete ich mit einem Augenzwinkern.

»Muss man das wirklich jeden Morgen machen?«, fragte Martin mich beunruhigt, als wir wieder allein waren.

»Ach, weißt du, die Franzosen berühren sich lieber mit den Wangen als mit den Händen. Denn man weiß nie, ob die gut gewaschen sind.«

Ich glaube, er hat mir das tatsächlich geglaubt.

Aber mit der Zeit habe ich auch das deutsche Konzept zu schätzen gelernt. Es unterscheidet genau zwischen nahestehenden Personen, die ein Anrecht auf die intime Berührung der Wangen haben, und allen anderen, die sich mit einem kurzen Händedruck begnügen müssen. Das spart eine Menge Zeit. Und wenn ich ehrlich bin, ist es mir ganz recht, unseren unangenehmen Nachbarn nicht jeden Morgen auf die Wangen zu küssen.

Die Angst, spießig zu sein

Ich war mit Martin gerade in eine Wohnung in der Nähe der legendären Kastanienallee in Prenzlauer Berg gezogen. Ein paar Freunde halfen uns beim Umzug. Einer von ihnen kriegte sich vor Begeisterung kaum ein, als er unsere helle Dreizimmerwohnung im vierten Stock eines Gebäudes im Hinterhof begutachtete – »Was für eine schöne Wohnung! Und so tolle Holzdielen!« –, als er plötzlich vor der Küche versteinerte und sofort das vernichtende Urteil fällte: »Total spießig!« Kleinlaut begann mein Freund zu stammeln: »Tja, ähh, stimmt, wirklich schade, die Einbauküche ist eben der Nachteil an der Wohnung ...«

Ich war sprachlos.

Dabei hatte der fragliche Raum eigentlich nichts Ehrenrühriges: helle Holzmöbel, die mit großer Wahrscheinlichkeit von Ikea stammten, und große, ockerfarbene Bodenfliesen. Die Küche sah weder zu gepflegt aus, noch war sie besonders geschmacklos. Ich für meinen Teil war sehr stolz auf diesen Raum, denn zum ersten Mal in meinem Leben besaß ich eine Küche, die diese Bezeichnung verdiente – mit Spülmaschine und Schränken bis an die Decke … Reinster Luxus für eine Pariserin. Bei uns sind die Wohnungen so winzig und die Küchen oft so mikroskopisch klein, dass sie mehr an unbelüftete Wandschränke erinnern. Aber davon ahnten meine Berliner Freunde nichts. In ihren Augen hatte ich einen ungeheuerlichen Fauxpas begangen, als ich mich für eine Wohnung mit Einbauküche entschied. Nachdem ich mich über diese typisch deutsche Unart, jemandem ohne jedes Taktgefühl einfach alles vor den Latz zu knallen, geärgert hatte, fing ich an, mich mit der Bedeutung des Wortes »spießig« eingehender zu beschäftigen.

Bisher war es für mich ein Begriff gewesen, den ich lediglich mit einem konservativen Milieu und mit Besserwissern in Verbindung gebracht hatte. Laut deutsch-französischem Wörterbuch bedeutet »spießig« kleinbürgerlich. Doch die Definition im Duden, nach der das vorwiegend von Studenten benutzte Wort sich auf »konservative Kleinstädter« bezieht, hat meine Verwirrung nur noch vergrößert: Als »spießig« bezeichnet man außerdem einen »engstirnigen Menschen, der sich an den Konventionen der Gesellschaft und dem Urteil der anderen orientiert«. Damit deckte der deutsche Begriff ein wesentlich weiteres Feld ab als das französische Äquivalent, das sich vor allem auf die Lebensweise der unteren Schichten bezieht. Sicher ist, dass die Bezeichnung für Intellektuelle oder die, die sich dafür halten, eine echte Beleidigung ist. In solchen Kreisen versucht man sich dagegen zu wappnen wie gegen eine ansteckende Krankheit.

Um die Bedeutung des Wortes besser einzugrenzen, habe ich Monate und unermüdliche Besuche bei meinen deutschen Freunden gebraucht. Weit über das übliche Spektrum des Spießigen wie Schrankwände, Deckchen und weiße Gardinen hinaus lauert der spießige Geschmack dort, wo man ihn – zumindest eine Pariserin wie ich – gar nicht erwartet, nämlich in Farben, Vorhängen, Teppichen und anderem Wohndekor, die nach meinem Empfinden eine warme Atmosphäre schaffen. Je mehr Objekte sich in einem Zimmer häufen, umso größer wird die Gefahr, in die Falle der Kleinbürgerlichkeit zu tappen. Mit meiner Sammlung an Nippes, Photos, Bildern und Teppichen muss ich meine deutschen Freunde in die Verzweiflung treiben. Aber vielleicht drücken sie ein Auge zu, weil ich Französin bin, und verzeihen mir meine Geschmacksverirrungen.

In die Kategorie spießiger Einrichtungsgegenstände fallen neben der Einbauküche auch Halogenlampen. Beim Abendessen und in den meisten Cafés besonders im Ostteil der deutschen Hauptstadt brennen immer Kerzen, und das Licht wird auf ein strenges Minimum reduziert, so dass es nach Einbruch der Dunkelheit so gut wie unmöglich ist, ein gutes Buch zu lesen. Im Winter also schon am Nachmittag.

Um keine Schande über sich zu bringen, richten die Verfechter des guten Geschmacks ihre Wohnungen wie Klosterzellen ein: weiße Wände, hier und da von einem Bild oder einem Gemälde aufgelockert, keine Vorhänge, Kissen oder anderer Firlefanz, mit dem Pariser Wohnungen oft vollgestopft sind. Was mir auf den ersten Blick schlicht wie das Fehlen von Dekor erschien, ist das Ergebnis oft langwieriger Prozesse. Aus Angst davor, als »spießig« betrachtet zu werden, denkt man monatelang darüber nach, welches Sofa oder Regal das leere Zimmer schmücken soll. Am besten, man baut sich seine Möbel selbst oder versucht zumindest, ein seltenes oder, noch besser, ein Einzelstück zum kleinen Preis beim Trödelhändler aufzutun oder, wenn man das nötige Kleingeld hat, in einem Laden für Designermöbel. Vorzugsweise natürlich gebraucht und aufgearbeitet. Und so steht der 70er-Jahre-Fernseher meines Freundes auf einer Glasplatte, die auf Backsteinen ruht. Die Bierkiste als Couchtisch konnte ich so eben noch abwenden. Bei dem verzweifelten Versuch, sich von der Masse abzuheben und guten Geschmack zu beweisen, widmet man sich mit allergrößtem Eifer der Küche. Sie muss »authentisch« eingerichtet sein, was meist auf ein Resultat hinausläuft, das in krassem Widerspruch zu Modernität steht: Großmutters Herd neben einem Kühlschrank aus den 70ern. So ziemlich das genaue Gegenteil meiner Küche.

Ohne es damals zu ahnen, bin ich schon zu Pariser Zeiten mit dieser Einrichtungsneurose konfrontiert worden. Eine meiner Freundinnen hatte ein paar Wochen lang einen Deutschen zu Besuch. Als ich sie eines Tages in einem Café in Saint Germain des Prés traf, erzählte sie mir lachend, dass er einen erbitterten Kampf gegen ihre »spießige« Halogenlampe führte. Ihm zuliebe verzichtete sie auf besagte Lampe und beleuchtete ihre Wohnung mit Kerzen. Wir hielten diese kauzige Art damals für extravagant und amüsierten uns köstlich über diesen »komischen germanischen Romantizismus«. Jahre später, als ich nach Berlin zog, wurde mir klar, dass ich zu jenem Zeitpunkt zum ersten Mal der »Antispießerhaltung« begegnet war.

Diese seltsamen Marotten erstaunen meine französischen Freunde stets aufs Neue. Ich kam eines Abends in unserem Landhaus in der Normandie darauf zu sprechen. Darauf wandte sich meine Freundin Ophélie spöttisch an meinen Freund und bat ihn, ihr diese dogmatische Haltung in Sachen Inneneinrichtung genauer darzulegen. »Ähm ...«, begann er, etwas verlegen darüber, in einer französischen Runde die Anschuldigung, der unsere Küche zum Opfer gefallen war, rechtfertigen zu müssen. »In Berlin ist so viel Platz und die Wohnungen sind so groß, dass die Küchen richtige Wohnküchen sind«, fuhr er vor sechs skeptischen Augenpaaren fort. Bei dieser Argumentation, die in Berlin eine gewisse Logik zu haben schien, platzte ich fast, um nicht lachen zu müssen. »Man muss diesem Raum also eine persönliche Note geben, und Einbauküchen, vor allem die billigen, haben keine Seele«, versuchte mein Freund sich herauszureden. Worauf Ophélie mit ihrem Pariser Pragmatismus entgegnete: »Aber es ist doch nur eine Küche!« Für einen Franzosen muss eine Küche in erster Linie funktional sein, schließlich wird darin nur gekocht oder das Frühstück vorbereitet.

Martin ließ sich nicht entmutigen und erzählte uns von den perfekt ausgestatteten Küchen seiner Kindheit, in denen moderne Technik das A und O war, von Möbeln und Wohnungen, die einander glichen wie ein Ei dem anderen. Aus seinen Worten war eine gewisse Abneigung gegen den materiellen Wohlstand, den das deutsche Wirtschaftswunder hervorgebracht hatte, herauszuhören. Ich fing an, diese Ablehnung einer kleinbürgerlichen Lebensweise und diesen Wunsch, bis zur Wahl des Kühlschranks seine Individualität wahren zu wollen, besser zu verstehen. »Antispießig« ist also nicht nur eine sehr eigene Auffassung von Ästhetik. Durch seine Wohnungseinrichtung versucht man vielleicht auch, seine Ablehnung einer Gesellschaft zum Ausdruck zu bringen, deren höchstes Gut materieller Wohlstand ist.

Aus demselben Grund müssen auch Bücher als Zeugen eines regen intellektuellen Lebens für alle sichtbar im Wohnzimmer ausgestellt werden. Bücher in allen Ecken, Bücher, die sich neben den Regalen stapeln, in gewolltem Durcheinander auf kleinen Tischchen unter dem Fenster oder auf dem Couchtisch liegen, rufen bei den Gästen Wohlwollen hervor. Ich habe noch nie so viele Bücher gesehen wie in deutschen Wohnzimmern. Für mich persönlich ist die Bibliothek ein intimer Raum. Warum sollte jeder Dahergelaufene sehen, was ich lese?

»Das kann Schwung in die Gespräche bringen«, sagte Martin. Ganz überzeugt war ich nicht. Ich fand, wir hatten auch so genügend Gesprächsstoff.

Kölscher Karneval

Ich war gerade mit dem Zug aus Berlin gekommen und eben dabei, aus dem Kölner Hauptbahnhof zu treten, als ein mir bis dahin unbekannter Mann seine schwitzigen Hände um mein Gesicht schloss und mir einen schmatzenden Kuss auf die Lippen drückte. Er trug pinkfarbenen Lippenstift, eine blonde Perücke, einen Minirock und Netzstrümpfe über seinen behaarten Beinen. Sein Kumpel schwenkte eine überdimensionale Sektflasche, neben ihm übergab sich gerade ein Schaf in eine Mülltonne. Ich war in Köln und es war Karneval.

Ich konnte kaum glauben, was ich da sah. Mir bot sich ein Bild des Exzesses, wie es mir in Deutschland noch nie begegnet war: So weit das Auge blickte, Betrunkene in bunten Kostümen, die Arm in Arm lautstark Lieder grölten.

Ich begann zu ahnen, was meine französische Freundin Charlotte, die seit zwei Jahren im Rheinland lebt, meinte, als sie am Telefon sagte: »Jetzt wirst du die Deutschen mal erleben, wie du sie noch nie erlebt hast.«

»Na ja, was soll das schon groß sein?«, dachte ich bei mir. Schließlich hatte ich den deutschen Karneval schon im Fernsehen gesehen. Diese Umzüge mit den riesigen karikaturistischen Figuren, bei denen Kindern Bonbons zugeworfen wurden. Ich hatte mich durch sämtliche Fernsehprogramme gezappt und war auf eine seltsame Show gestoßen: Das Publikum war verkleidet, und ein Zeremonienmeister hielt eine oft absurde und lustige Rede, die immer wieder von Liedern und Fanfaren unterbrochen wurde, die für mich nach tiefstem Mittelalter klangen. Zunächst dachte ich, ich sei auf einen Lokalsender gestoßen, der von einem Dorffest berichtete. Doch als ich im Publikum einen Ministerpräsidenten mit Narrenkappe auf dem Kopf entdeckte, wurde mir klar, dass es sich um ein Ritual ganz anderen Ausmaßes handelte: Im Fernsehen wurde eine der zahlreichen Sitzungen der Karnevalsvereine übertragen.

Doch das, was ich bei meiner Ankunft in Köln erlebte, hatte tatsächlich gar nichts mit der ordentlich inszenierten Heiterkeit aus dem Fernsehen zu tun. Es herrschte Ausnahmezustand.

»Ich hab's dir ja gesagt«, lachte meine Freundin Charlotte, als sie mich schließlich in der Menge entdeckte und mein verstörtes Gesicht sah (der Mann hatte glücklicherweise freiwillig wieder von mir abgelassen und war weggetaumelt). Charlotte zog mich davon, und wir machten uns zu Fuß auf den Weg nach Hause. Ein Taxi zu nehmen, wie ich vorschlug, war in diesem Gewimmel völlig unmöglich. »Das ist der einzige Moment im Jahr, in dem man in dieser Stadt mal so richtig über die Stränge schlägt und flirtet, was das Zeug hält. Das muss man doch nutzen, oder?«, plapperte Charlotte gänzlich unbeeindruckt von den grölenden Horden, die an uns vorbeischwankten.

Sobald wir in ihrer Wohnung angekommen waren, zwang sie mich, eine grüne Perücke aufzusetzen und Glitzerschminke auf die Wangen zu schmieren. »Besonders sexy ist das nicht«, wollte ich protestieren, doch da waren wir schon wieder zur Tür hinaus. »Ab in die Kneipe«, befahl Charlotte und schob mich in den erstbesten Eckladen. Es war eine biedere, mit dunklem Holz verkleidete, schummrige Bar, wie sie sonst wohl eher Leute um die sechzig besuchten. Doch erstaunlicherweise war sie bis zum Tresen gerammelt voll.

Ich hatte das Gefühl, mitten in ein dionysisches Gelage geplatzt zu sein: Es wurde gegrölt, Bierkrüge geschwenkt, Leute tanzten zu Schlagermusik auf den Tischen. Als ich versuchte, mir einen Weg zur Theke zu bahnen, um ein Bier zu bestellen, fasste mir ein dunkelhaariger, stämmiger junger Mann ganz unverfroren in den Ausschnitt. Ich war so überrascht, dass ich vergaß, ihm eine Ohrfeige zu verpassen. Als ich endlich mit meinen zwei Kölsch wieder bei meiner Freundin Charlotte war, machte sich gerade ein großer Blonder gierig über sie her. Charlotte schien das nicht weiter zu stören.

»Sie hat sich erstaunlich gut eingelebt«, dachte ich. Auf dem Weg in die Kneipe hatte sie mir erzählt, wie viele Ehepaare in der Karnevalszeit der freien Liebe frönten und dass dabei viele uneheliche Kinder gezeugt wurden. »Ich konnte Guillaume auch nicht immer treu bleiben«, hatte sie gesagt. Und dann hatte sie von denkwürdigen Partys in ihrer Firma gesprochen, wo alle Hierarchien plötzlich zusammenbrachen und alle ihre sonstige steife Zurückhaltung aufgaben. Die Damen schnitten den Herren die Seidenschlipse ab, Sekretärinnen flirteten mit den Chefs und strippten auf dem Tisch, Kollegen, die sonst nie redeten, tanzten auf einmal Lambada. »Aber das Unglaublichste ist, dass nach einer Woche totaler Exzesse wieder Disziplin und Ordnung Einzug halten, so als wäre nichts geschehen. Karneval ist eigentlich ein kontrollierter Kontrollverlust«, sagte Charlotte.

Ich schaute mich um und begann zu verstehen. Doch das war erst der Anfang. Auf dem Weg zur Toilette entdeckte ich ein Paar in inniger Umarmung. Sie nahmen keine Notiz von mir und stöhnten, was das Zeug hielt, wobei sie zwischendurch immer wieder einen Schluck Kölsch nahmen. Was für eine Szene!

Strahlend kehrte ich zur Bar zurück. »Der Karneval gefällt mir immer besser«, erklärte ich Charlotte. Ich erzählte ihr, was ich gesehen hatte, und sie prustete ihr Bier über meine Schulter. »Komm, lass uns sehen, was auf der Straße passiert«, rief ich, und schon drängelten wir uns zum Ausgang. Die Straßen hatten sich schon ein wenig geleert, dafür wuchsen die Müllberge. Ich trat gegen eine leere Flasche, und sie rollte in einen Hauseingang. »Ey, pass mal auf«, rief ein Mann mit verrutschter Hose, der gerade eine Frau an die Wand drückte.

Derlei Exzesse kennt man im französischen Karneval nicht. Natürlich sind einige Städte wie Nizza, Dunkerque und Albi für ihren »Mardi Gras« bekannt. Der Karneval von Nizza, der jedes Jahr über eine Million Besucher anzieht, ist berühmt für seine Blumenschlacht. In der französischen Hafenstadt Dunkerque wirft der Bürgermeister vom Rathaus Heringe in die kostümierte Menge. Aber das war es dann auch schon. Der Karneval dauert hier nie länger als einen Tag, man isst Crêpes, und die Kinder gehen verkleidet zur Schule. Manchmal bringen die Kinder Eier, Mehl und Rasierschaum mit und veranstalten auf den Schulhöfen unvergessliche Schlachten. Doch die deutsche Tendenz, alle Hemmungen über Bord zu werfen, sucht man hier vergeblich.

Auch Napoleon sah damals eine Gefahr in den Ausschweifungen des Karnevals und verbot während der Besetzung des Rheinlands kurzerhand die lasterhafte Tradition. Für ein paar Jahre gab es in Köln keinen Straßenkarneval mehr. Das haben ihm die Kölner bis heute nicht verziehen und tragen deshalb gerne Napoleonuniformen, um sich über den kleinen Despoten lustig zu machen.

Als ich die Uniformen bei den Rosenmontagsumzügen sah, erkannte ich sie sofort wieder. An diesen grölenden Kölnern sahen sie allerdings wesentlich lustiger aus als in meinen Geschichtsbüchern. Aber wahrscheinlich hätte ich zu diesem Zeitpunkt schon über alles gelacht. Nach ein paar weiteren Kölsch konnte ich mittlerweile sogar Karnevalslieder singen.

Erst als ich zurück in Berlin war, begann ich mein Kölner Karnevalswochenende noch mal mit nüchternem Kopf zu überdenken. Wie kann es sein, dass ein sonst so gesittetes Völkchen derart außer Rand und Band gerät? Oder besteht für die Deutschen womöglich gerade deswegen eine größere Notwendigkeit, sich auszutoben, weil sie es sich sonst so sehr verbieten?

Nur der Brauch am Ende des Karnevals, sämtliche Sünden in Form einer Strohpuppe verbrennen zu lassen, zeugt dann doch wieder von ihrem Ordnungsbewusstsein. Nach Aschermittwoch ist in Köln wieder alles beim Alten. Sicher ist jedenfalls, dass die französischen Behörden größere Schwierigkeiten haben dürften, das Land nach derartigen Ausschweifungen wieder unter Kontrolle zu bringen ...

Bitte nicht zu sexy!

Selten lag ich mit einem Geschenk so daneben. Ich wollte Tamara zum Geburtstag eine besondere Freude machen. Sie hatte gerade einen neuen Mann kennengelernt, und ich kaufte ihr Strapse. Schwarze Spitze mit Schleifchen an den Spangen. Als sie die Schachtel öffnete und das Seidenpapier zur Seite schlug, weiteten sich ihre Augen. Nicht vor Freude, wie ich zuerst angenommen hatte, sondern vor Entsetzen. »Bist du wahnsinnig?«, rief sie. »So etwas trage ich doch nicht.« – »Du wirst damit sehr sexy aussehen«, versuchte ich ihr zu erklären. Aber Tamara schüttelte bloß den Kopf und schloss die Schachtel.

Ich schätze diese undiplomatische Ehrlichkeit der Deutschen. Aber diesmal wunderte ich mich doch sehr. Tamara war eine gutaussehende schlanke Frau und alles andere als bieder. Ich dachte, mein Geschenk würde sie entzücken. Diese Abneigung gegenüber sexy Unterwäsche musste andere Ursachen haben.

Ich begann eine kleine Unterwäsche-Umfrage unter meinen deutschen Freundinnen. Das Ergebnis war schockierend: Keine von ihnen hatte jemals Strapse getragen oder vor, sich welche anzuschaffen.

Wie kann das sein? In Frankreich sind Strapse eine Selbstverständlichkeit. Jede halbwegs sexuell aktive Frau hat mindestens ein Paar Strapse in ihrer Schublade liegen.Ophélie, deren Freizügigkeit Martin bei unserem ersten Parisbesuch schon so geschockt hatte, trägt sie sogar im Winter unter ihrem Rock. »Dafür ist es nie zu kalt«, sagte sie mir einmal, während sie in Pumps und Minirock durch Paris trippelte. Es waren zwei Grad über null.

Aber nicht nur die Frauen fühlen sich toll in ihren Seidenstrümpfen, auch die französischen Männer sind verrückt nach diesem Accessoire.

In Deutschland nicht unbedingt.

Charlotte, meine französische Freundin aus Köln, die nach unserem Karnevalsausflug ihren Pariser Freund für einen lustigen Rheinländer verlassen hatte, machte in dieser Hinsicht eine desaströse Erfahrung. Als sie in Strapsen bei ihrem deutschen Liebhaber auftauchte, wusste er nicht recht, was er damit anfangen sollte. »Incroyable, non?«, schrie meine Freundin förmlich ins Telefon. Sie war vollkommen außer sich. »Erst war er wie versteinert, und dann wollte er mir die Dinger möglichst schnell ausziehen, statt damit zu spielen«, sagte sie verbittert.

Französinnen lieben Unterwäsche nicht nur um ihrer selbst willen, sie haben auch ein klares Ziel vor Augen, das sie damit erreichen wollen. Der Slogan von »Aubade«, einer bekannten Unterwäschemarke in Frankreich, lautet »L'art d'aimer à la Française« (die französische Kunst zu lieben). Ihre Werbung ist in zwölf Lektionen unterteilt, wie zum Beispiel »Ihn verführen, um ihn zu fangen«, »Ihn daran erinnern, wie fragil sie sind«, »Scheinbare Gleichgültigkeit an den Tag legen« oder »Sich präsentieren, bevor man zur Sache geht«. Ganz Paris ist mit diesen Plakaten tapeziert.

In Deutschland sehe ich immer nur Werbung für Elektromärkte.

Das Leben ohne sexy Unterwäsche hat aber auch Vorteile. In Deutschland kann ich ohne Scham meine komfortablen Großmutterunterhosen tragen. Mir ist immer warm und gemütlich. Und meine Ausgaben für Kosmetika sind seit meiner Ankunft in Berlin auch stark zurückgegangen.

Die Pariserinnen tragen jeden Tag Parfum. Wer es sich leisten kann, gönnt sich Luxusmarken. Und wer einfach nur aus Bescheidenheit »Nivea« treu bleibt, wird nicht bewundert, sondern bedauert.

Als Silke mir anfangs strahlend erzählte, sie würde NUR NIVEA benutzen, hielt ich sie noch für eine schrullige Ausnahme. Mittlerweile habe ich gemerkt, dass viele Frauen diese Art von Natürlichkeit preisen. Ihnen gefällt das Bild der Naturfrau mit roten Apfelbäckchen und wippendem Pferdeschwanz, die aussieht, als tragen sie kein Make-up.

Zum Glück gehen sie nicht so weit, dass sie sich nicht rasieren wollen. Das denken zwar viele meiner

Landsleute über die Deutschen, aber sie irren sich. Ich habe keine Haare unter den Achseln oder an den Beinen meiner deutschen Freundinnen gesehen.

Was den deutschen Frauen ihre Lockerheit ist, ist den Französinnen die Extravaganz.

Wie sehr es in Frankreich auf die äußerliche Inszenierung ankommt, sieht man auch an unseren Politikerinnen: Rachida Dati, Justizministerin, ehe sie ins Europaparlament abgeschoben wurde, liebte den großen Auftritt so sehr, dass sie sich lieber in Dior auf dem roten Teppich fotografieren ließ, statt sich mit Gewerkschaftlern zu treffen. Das kam zwar sogar bei den Franzosen nicht so gut an, als schöne Frau mit gutem Stil hat sie es aber trotzdem weit gebracht. Und auch Sarkozy wird durchaus dafür respektiert, dass er sich eine so gut gestylte Dame wie Carla Bruni geangelt hat.

Dass französische Diven dabei auf anstrengende Weise kapriziös sein können, ist die Kehrseite der Medaille. Auch ich halte mich weiterhin an die altbewährte Regel jeder französischen Frau: Lieber ab und zu eine dramatische Szene hinlegen – am liebsten natürlich in der Öffentlichkeit –, als in Vergessenheit zu geraten.

Über Sex lacht man nicht

Viele Franzosen glauben, dass die Deutschen nicht lachen können. Dass sie keinen Humor haben. Das ist natürlich falsch. Sie nehmen ihn sogar sehr ernst.

Als Mario Barth, einer der beliebtesten Comedians des Landes, einen Auftritt in Berlin hatte, war mein Kollege Thorsten völlig aus dem Häuschen. »Mario Barth kommt ins Olympiastadion«, rief er völlig begeistert und klemmte sich sofort ans Telefon, um über einen Freund noch ein Ticket zu ergattern, und ein möglichst günstiges dazu. Denn Thorsten ist ein alter Sparfuchs. Da er so überglücklich schien, fing ich an, mich für den Mann zu interessieren, der ein Stadion mit seinen Witzen füllte. Als ich ein bisschen im Internet herumgoogelte, stieß ich immer auf das Gleiche. Die Geschichten, die Barth wild gestikulierend und mit Berliner Akzent zum Besten gibt, gehen in etwa so: »Frauen können nicht Auto fahren, sie leiden an Putzzwang, verbringen Stunden im Bad, und Männer furzen den ganzen Tag.« Damit scheint er den Nerv des deutschen Publikums zu treffen. 70 000 Menschen, die über furzende Männer lachen.

Ein bisschen merkwürdig fand ich das schon.

Aber eigentlich ist das gar nicht so weit entfernt vom französischen Humor. Auch wir lieben platte Witze. Anders, als man erwarten würde, haben die Franzosen einen ziemlich derben Humor. Meistens dreht es sich um Sex.

Ich erinnere mich an einen meiner ersten Abende in Berlin. Ich war zu einem Abendessen eingeladen. Es waren schon einige Flaschen Wein geleert, die politischen Diskussionen hatten sich erschöpft, und ich hielt den Zeitpunkt für geeignet, jetzt auch meinen Teil beizutragen. Ein Witz könnte die Runde erfrischen, dachte ich und legte los: »Kennt ihr schon den hier? Da ist ein Mann im Restaurant, der immer ganz genau aufzählen muss, was er geschmeckt hat. Jedes Mal, wenn der Kellner den Teller abräumt, legt er los: ›Das war doch eine Artischockensuppe mit Crevetten? Das war doch ein Putenschnitzel mit Pfifferlingen auf Rahmsoße?‹ Der Kellner ist irgendwann ziemlich genervt von seiner akribischen Art und bittet eine seiner Köchinnen, den Teller mit ihrer Unterhose abzuwischen, bevor er das Dessert darauflegt. Als der Kellner abräumt, sagt der Mann überrascht: ›Ich wusste nicht, dass Nicole hier arbeitet!‹

Ich schaute mich um. Stille. Keiner lachte. Nur meine Freundin versuchte ein wenig zu kichern. Die Gastgeberin räumte eilig das Geschirr zusammen. »So, jetzt kommt der Nachtisch.« Sie hatten den Witz offensichtlich nicht richtig verstanden. Ich schenkte mir noch ein Glas ein und versank in Schweigen. Was hatte ich falsch gemacht? In Frankreich erzählt man sich gerne Witze, jeder hat ein paar auf Lager, man schickt sie sich sogar per E-Mail. Je platter, desto besser. Es gibt zum Beispiel eine ganze Reihe von Scherzen über einen kleinen Jungen namens Toto. »Toto sagt seiner Mutter: Schau mal Maman, hast du das gesehen? Ich habe dem Hund ein Stück Zucker gegeben, und er hat mit seinem Schwanz gewedelt!« – »Super, dann gib deinem Vater gleich zwei Stück ...« Ich schwöre, Franzosen lachen sich kaputt über so etwas.

»Was ist bloß los, wieso lacht ihr nicht über meine Witze?«, fragte ich Martin auf dem Rückweg nach Hause.

»Weil sie einfach nicht lustig sind, über so was habe ich als Teenie gelacht.«

»Aber worüber lacht ihr denn?«

»Keine Ahnung«, meinte er. »Bei uns ergibt sich das aus der Situation.«

Klar. Lustige Situationen kannte ich auch. Ich begann zu erzählen, wie meine Freundin es neulich verschlafen und noch in allerletzter Minute zu einem Meeting geschafft hatte, mit halbverwischtem Eyeliner und zersausten Haaren und ...

Martin guckte verständnislos. Ich baute einige Stolperfallen ein, wie sie mit dem Chef im Fahrstuhl zusammenstößt und ihre Handtasche aufgeht und ... Aber mein Freund zuckte nicht einmal mit den Mundwinkeln.

»Ich find's einfach albern, ihr lacht über so total banales Zeug. Und dauernd dieses Gerede über Sex, ihr seid wie Zwölfjährige, die gerade ihre Existenz entdeckt haben«, sagte Martin.

Über Sex lacht man in Deutschland nicht, das hatte ich ja inzwischen gelernt. Und dass es noch andere Themen gab, bei denen man besser den Mund hielt, erkannte ich, als ich meine deutsche Freundin Silke einmal mit nach Paris nahm und sie meinen französischen Bekannten vorstellte. Es dauerte keine zwei Stunden, bis meine leicht alkoholisierten Freunde anfingen, Witze über den Zweiten Weltkrieg zu reißen. »Was, du bist Deutsche? Aber Fräulein, ich werrrde Sie fesssstnehmen müssen«, rief ein Freund. Wie so oft in Gegenwart eines Deutschen oder wenn jemand das Wort »Deutscher« nur erwähnt, sehen alle Leute, ganz gleich, welcher Bildungsschicht sie angehören, sich sofort gezwungen, eine komische Szene aus der Flut von Filmen über die deutsche Besatzung nachzuspielen.

Silke lächelte höflich, aber ich konnte das Entsetzen in ihren Augen lesen.

In Deutschland ist das Repertoire an Witzen beschränkt – so viel hatte ich jetzt verstanden: Man lacht über Österreicher, Ostfriesen, Blondinen und Beamte, aber niemals über Ausländer, Juden oder Moslems. Verständlicherweise, immerhin hat die Geschichte den Deutschen Tabus auferlegt. In Frankreich gibt es in puncto Witze jedoch keinerlei Tabus: Man lacht über Ausländer, Juden oder Moslems –

und besonders gerne über Deutsche. Der Film »Les aventures de Rabbi Jacob«, in dem Louis de Funès sich in einen Rabbi verwandelt – und ordentlich mit Klischees über Juden um sich wirft –, ist noch heute ein Renner. In »La grande vadrouille« verstecken zwei Franzosen während der deutschen Besatzung ein paar Engländer und werden von den deutschen Soldaten verfolgt. Wieder ist Louis de Funès als König des französischen Slapsticks dabei. Es war der erfolgreichste Film in Frankreich, bis »Willkommen bei den Sch'tis« in die Kinos kam. Ein Film, dessen Komik auf dem Akzent der Bewohner eines kleinen Dorfes in Nordfrankreich beruht. Alle s-Laute ersetzen sie durch »sch«, was zu einer ziemlich komischen Aussprache führt (in der deutschen Synchronisation mag das ein wenig untergehen). Der Ort ist jetzt eine Pilgerstätte für Filmfans und der Sch'ti-Dialekt in ganz Frankreich en vogue. Neulich antwortete mir sogar ein Taxifahrer in Paris, als ich ihn nach seinem Job fragte: »Comme schi, comme scha«, und schüttete sich aus vor Lachen. So einfach funktioniert französischer Humor. Ein paar seltsam ausgesprochene Wörter, schon gibt's was zu lachen.

In Deutschland ist das komplizierter. Jedenfalls brauchte ich eine Weile, bis ich hier eine ganz neue Form des Humors erlernte: die Ironie. Ich hatte diese Art von Humor immer als eine englische Marotte abgetan, aber meine deutschen Freunde schienen sie eins zu eins übernommen zu haben. Wir standen auf einer Party herum, und eine Frau, die in ihren pinkfarbenen Leggins und mit einer Baseballkappe auf dem Kopf offensichtlich ziemlich unpassend gekleidet war, erregte die Aufmerksamkeit. »Fehlt nur noch der Mickymauspullover«, sagte Thorsten und verzog seine Mundwinkel. »Was soll das heißen?«, fragte ich. »Das war ironisch gemeint«, erklärte er ernsthaft. Aha. Das Gegenteil von dem zu behaupten, was man meint, und dazu eine spöttische Miene zu tragen war scheinbar ihre Art, sich zu unterhalten. Besonders amüsant fand ich das nicht. Wäre es nach mir gegangen, wären mir manchmal die Geschichten von Mario Barth lieber gewesen. Dann hätte ich mit meinen neuen Freunden wenigstens etwas mehr lachen können. Aber so musste ich in den ersten Monaten meinen Landsleuten recht geben. »Pass auf, die verstehen keinen Spaß, die Deutschen«, hatten sie mich gewarnt.

Übrigens: Die Sache mit der Ironie habe ich inzwischen etwas besser raus. Ich bin sogar ziemlich gut darin geworden. Statt weiter dreckige Witze zu reißen, versuche ich es jetzt gelegentlich mit trockenen, spitzen Bemerkungen. Und ich bin dabei, politisch korrekt zu werden. »Du siehst ja aus wie eine Zigeunerin«, begrüßte mich Ophélie, als ich im Sommer braun gebrannt im Schlabberrock nach Paris kam. »Zigeuner sagt man nicht«, sagte ich ernsthaft. Ophélie schaute mich verwundert an. Ich glaube, ich muss aufpassen, nicht zu korrekt zu werden.

Die bedauerliche Abwesenheit
des Aperitifs

»Einen Aperitif? O ja, gern.« Auch wenn die Deutschen diesen Begriff schon einmal gehört haben, kennen doch nur wenige seine wahre Bedeutung. Denn was für die Deutschen ein Extraglas Alkohol zu ungewohnter Zeit ist, ist für die Franzosen ein appetitanregendes Ritual.

Am Ende eines Arbeitstages trinkt man in Frankreich einen kleinen Kir oder einen süßen Wein und knabbert dazu ein paar Erdnüsse oder Oliven. Man bestellt ein Glas und dann noch eins, und plötzlich stellt man fest, dass es fast zehn ist. Zu spät, um noch essen zu gehen. Also geht man nach Hause und lässt sich von den Nebeln des Weißweins davontragen.

»Der Aperitif ist das Abendgebet der Franzosen«, hat der Schriftsteller und Diplomat Paul Morand einmal gesagt. Wir würden eher eine Mahlzeit ausfallen lassen als den Aperitif. Und wir lieben ihn so sehr, dass wir ihn in all seinen Erscheinungsformen erforscht haben: den Aperitif für Verliebte, den Dinner-Aperitif (mit Freunden auf dem Sofa zu Hause), den geschäftlichen Aperitif (in der Bar mit Arbeitskollegen) und den mittäglichen Aperitif (im Urlaub oder am Sonntag). Und da auch bei Tisch mit Wein nicht gespart wird, kann man sich ja vorstellen, in welcher Verfassung man am Abend ist ...

Diese Vielfalt an Aperitifformen ist für Deutsche oft verwirrend. Sie verwechseln das Ritual mit anderen Gewohnheiten. Für die einen reicht schon das Bier zu Beginn des Abends, für die anderen ist es der Absacker vor dem Schlafengehen.

Ich war oft überrascht, wenn ich mich mit jemandem am frühen Abend verabredete und er mir sagte, er hätte schon gegessen. Wenn man in Deutschland gegen 19 Uhr zu Abend isst, bleibt kaum Zeit für einen Aperitif.

»Wir können nach dem Essen noch was trinken«, sagt Martin mir jedes Mal, wenn ich den fehlenden Aperitif beklage. Auch nach so vielen Jahren hat er den Sinn des Rituals nicht begriffen: entspannt in den Abend zu starten und Schluck für Schluck die Sorgen des Alltags von sich abfallen zu lassen.

Wenn ich dann doch mal einen Verbündeten finde, muss ich mich oft mit einer Light-Version begnügen: Eine Schale Erdnüsse ist meistens das höchste der Gefühle. Nur wenn man seine Berliner Schnauze benutzt, bringt einem der Kellner noch ein Glas mit Oliven dazu. Und schreibt es nachher auf die Rechnung.

»Kommt, wir gehen zum Aperitif zu mir nach Haus«, sagte ich zu Thorsten und Tamara nach einem dieser missglückten Aperitifversuche. »Jetzt? Zu dir?

Und was ist mit dem Essen?« Erst an ihren Fragen merkte ich, wie ungewöhnlich sie meine Einladung fanden. Für uns verpflichtet ein Aperitif zu nichts, denn es ist keine Einladung zum Essen.

Meine deutschen Freunde irritiert so ein Vorschlag. Entweder finden sie den Ort zu intim, um gemeinsam etwas zu trinken, oder sie finden den Aufwand dafür zu groß.

Thorsten hatte meine Enttäuschung wohl gespürt, und als er mich eines Abends zu sich zum Essen einlud, verkündete er stolz, dass er mir jetzt erst mal einen Aperitif servieren würde.

»Ich habe Rotwein oder Weißwein, was ist dir lieber?«

»Weißwein.«

Offenbar waren ihm Portwein, Whiskey oder Martini unbekannt.

Er kam mit einem Glas Weißwein zurück und stellte mich einem seiner Kollegen vor, ehe er wieder in der Küche verschwand. Alle Gäste hatten sich um den Esstisch versammelt und unterhielten sich im Stehen. Gerade als die Runde sich zu entspannen begann, wurde auch schon zu Tisch gerufen.

Ich hatte genug von diesen Pseudo-Aperitifs. Bei meiner nächsten Essenseinladung wollte ich meinen deutschen Freunden zeigen, wie ein richtiger Aperitif funktioniert. Ich ließ sie im Wohnzimmer Platz nehmen, stellte Portwein und Martini auf den Sofatisch und ein bisschen Salzgebäck. Aber kaum hatte ich den Raum verlassen, um mich in der Küche um das Essen zu kümmern, standen sie alle auf und folgten mir. Vergeblich versuchte ich, sie ins Wohnzimmer zurückzuschicken. Sie fingen an, in den Töpfen zu rühren und Brot zu schneiden, wollten den Tisch decken und Kerzen anzünden. Mein Aperitif war kläglich gescheitert. Um mich zu trösten, trank ich nach dem Essen gleich mehrere Gläser Schnaps. Was das angeht, haben Franzosen und Deutsche keine Verständigungsprobleme.

Die Berliner Schnauze und das *Parigot*

Misstrauisch gegenüber Fremden, unfreundlich, griesgrämig und oft übellaunig – der Pariser und der Berliner sind Seelenverwandte. Wenn sie sich einmal begegnen, werden sie unzertrennlich sein. Sie sind die Meister des unfreundlichen Empfangs.

Der Pariser fürchtet Touristen, die ihn nach dem Weg fragen könnten. Womöglich noch in einer fremden Sprache! Nicht selten bekommen amerikanische Besucher, die auf Englisch um eine Information bitten, nur ein Stirnrunzeln zur Antwort. Oder sie ernten ein gemurmeltes »Nein, ich weiß nicht, wo das ist«. Auf Französisch, versteht sich. Natürlich weiß der Pariser ganz genau, wo der Eiffelturm und die Champs-Élysées sind, aber er hat keine Lust, dem Touristen zu helfen, der sich nicht mal die Mühe macht, ihn auf Französisch anzusprechen.

Genauso unfreundlich ist er zu Leuten aus der französischen Provinz. »Provinzler« ist für einen Pariser gleichbedeutend mit rückständig, langweilig und kleinbürgerlich. Einige Einwohner der Hauptstadt sagen sogar, sie würden ins »Ausland« fahren, wenn sie sich in eine Stadt in der Provinz begeben. Dafür nennt man in der Provinz die Pariser, die man für arrogant und materialistisch hält, »les parigots«. Das Parigot ist so etwas wie die französische Entsprechung der Berliner Schnauze. Bloß dass die Pariser dabei wahrscheinlich noch unbeliebter sind. Je weiter man in den Süden kommt, umso größer wird der Hass der Kleinstädter auf die Hauptstadt.

Aber selbst für seinesgleichen ist der Pariser ungenießbar. So sind die Pariser Kellner anfangs noch höflich, »Bonjour, Monsieur, Bonjour, Madame, was darf ich Ihnen bringen?«, doch bei der erstbesten Gelegenheit lassen sie ihre schlechte Laune an einem aus. Und da ist jeder Vorwand recht. Sei es, dass man nicht genug Kleingeld bei sich hat oder zu viele Fragen stellt.

»Das hätten Sie auch gleich sagen können«, knurrte mich einmal ein Pariser Kellner an, bei dem ich, wenige Minuten nachdem ich einen Kaffee bestellt hatte, noch eine Grenadine orderte.

Von der Berliner Schnauze werden sie sogar noch getoppt. Hatte ich anfangs noch versucht, in den Cafés freundlich zu grüßen, wurde mir das hier schnell ausgetrieben.

»Guten Tag«, rief ich schallend in den Raum hinein, als ich ein Café am Schlesischen Tor betrat. Die Kellnerin, eine Dunkelhaarige in Jeans und verwaschenem rosa T-Shirt, starrte mich an, als käme ich von einem anderen Planeten. »Hallo«, murmelte sie.

Eine Viertelstunde später war immer noch niemand gekommen, um meine Bestellung aufzunehmen. Ich machte der Kellnerin, die am Tresen lehnte, ein Zeichen. Mit provozierender Langsamkeit bewegte sie sich auf mich zu.

»Was kann ich dir bringen?«

Nicht nur, dass ihr offenbar jeder Sinn für Dienstleistung abging, sie duzte mich auch noch, als wären wir alte Freundinnen.

»Könnten Sie mir einen Apfelsaft bringen?«, fragte ich sie freundlich.

Falls sie bis dahin auch nur einen Funken Respekt vor mir gehabt haben sollte, hatte ich mir das mit meinem forschen Siezen vollends verdorben.

Als sie mir wenige Minuten später mein Getränk auf den Tisch stellen wollte, kippte sie ein für einen anderen Gast bestimmtes Glas Tomatensaft über meine petrolblaue Strickjacke.

»Oh, sorry«, sagte sie nonchalant, hielt es jedoch nicht für nötig, mir Hilfe anzubieten.

Wortlos stand ich auf und rannte türknallend hinaus.

Ich fühlte mich wie ein Fremdkörper in dieser Stadt: Zu höflich, zu gut erzogen, zu sensibel, maß ich Regeln Bedeutung bei, die hier völlig überflüssig schienen.

»Die Berliner sind unmöglich!«, versuchte mich Tamara zu trösten, auch eine Zugezogene, aus München. Und allen scheint es ein Rätsel zu sein, was die Berliner sich herausnehmen, wo sie doch finanziell von den anderen deutschen Bundesländern abhängig sind.

Dem Berliner ist das egal. Verhält man sich zögerlich und affektiert, macht der Berliner mit einem sofort kurzen Prozess. Und je höflicher man sich gibt, umso schlechter wird man behandelt.

Vielleicht liegt es einfach an meinen Freunden. Aber das geradezu manisch lässige Verhalten und eine auf die Spitze getriebene Spontaneität stellten meine Geduld auf eine harte Probe. Eine Verabredung ein paar Tage im Voraus zu treffen schien hier ein Ding der Unmöglichkeit, und jede Einladung blieb immer offen, da sich niemand für ein Abendessen, einen Geburtstag oder eine Party festlegen wollte. Sätze wie »Ich komme vielleicht vorbei« oder »Lass uns telefonieren« gehörten zum Standardrepertoire.

Und so kam es, dass meine Tage manchmal so abliefen: Um 12 Uhr 45 bekomme ich eine SMS von einer Freundin, die mir vorschlägt, zusammen mittagessen zu gehen, um 13 Uhr 05 kommt eine zweite SMS, in der sie die Verabredung für 13 Uhr wieder absagt. »Tut mir leid, vielleicht zum Kaffee, sprechen wir später?«, schrieb sie. Mir war die Lust, noch zu antworten, vergangen.

Bin ich eine unspontane Langweilerin? Eine Verabredung in letzter Minute abzusagen oder nicht auf einer Party zu erscheinen, bei der ich zugesagt habe, schaffe ich einfach nicht. Martin verstand das nicht. Er warf mir vor, dass ich unlocker sei und zu viel

Respekt vor Konventionen habe. Ich fand ihn einfach nur unhöflich.

Nachdem ich ein paar Monate lang frustriert an meinen Manieren festgehalten hatte, beschloss ich, mir die Berliner Lebensart zu eigen zu machen.

»Hallo«, rief ich mit einem Lächeln, als ich ein Café in Mitte betrat.

Ich fühlte mich komisch, als ich das sagte, wurde aber sofort belohnt.

»Hallo«, antwortete die Kellnerin und erwiderte mein Lächeln.

Als ich sie beim Bestellen des Getränkes auch noch duzte, fühlte ich mich wie Ali Baba, der vor der Schatzhöhle gerade die Zauberformel »Sesam, öffne dich« zum Einsatz gebracht hat. In weniger als einer Minute hatte ich meinen Cappuccino und mein Buttercroissant.

Leider machte ich wieder einen Fehler, der mich sofort um die Sympathie der jungen Frau brachte: Ich vergaß, ihr Trinkgeld zu geben.

»Echt großzügig von dir«, wies sie mich trocken auf mein Vergehen hin.

Das hatte gesessen. Ihr Ton gab klar zu erkennen, dass ich es mir endgültig mit ihr verscherzt hatte.

»Lass dir nichts gefallen, werde ruhig mal ein bisschen lauter, du wirst sehen, so verschaffst du dir schnell Respekt«, sagte mir eine französische Kollegin, der ich mein Leid klagte. Ich befolgte ihren Rat und benahm mich wie eine hektische und selbstbewusste Pariserin. Das Resultat ließ nicht auf sich warten. Plötzlich machten die Kellner mit mir Witzchen, die Beamten im Rathaus verdrehten hinter dem Rücken ihres Chefs die Augen, und die Taxifahrer erzählten ihre Lebensgeschichten nur, wenn ich es wollte.

Ich entdeckte, dass sich hinter der rauen Fassade der Berliner sehr warmherzige Wesen verbergen. Die Berliner sind nicht arrogant wie die Pariser. Sie haben einfach nur weniger Manieren.

Das Land der rebellischen Raucher

Es gab einmal ein Rauchverbot, das keinen kümmerte. Und wenn es einen Gast störte, bekam er etwas zu hören. Als Thorsten den Besitzer einer Eckkneipe auf die neue Regelung ansprach, blaffte der in bester Berlin-Manier zurück: »Wenn der Rauch dich stört, geh doch woandershin. Ich lasse mir von so einem absurden Gesetz keine Vorschriften machen. Ich will meinen Gästen nicht das Rauchen verbieten.«

»Genau, stopf den Spießern das Maul«, stachelte ihn einer von den Gästen an, die am Tresen lehnten. Die anderen warfen uns feindselige Blicke zu.

»Komm, wir gehen«, sagte ich zu Thorsten und zog ihn am Ärmel.

Auch in den anderen Kneipen in der Nachbarschaft empfingen uns Rauchwolken und schlechte Laune. Beim dritten Versuch klappte es endlich. Vor dem Eingang hatte sich eine ganze Armee von Rauchern zusammengerottet, die trotz beißender winterlicher Kälte draußen ausharrten, um mit starren Fingern an ihren Zigaretten zu ziehen.

———

Ich war sprachlos. Die deutschen Raucher dachten offenbar gar nicht daran, auch nur ein Fitzelchen von ihrem Freiheitsrecht aufzugeben. Sie wollten stundenlange Gespräche führen, mit einer Zigarette in der einen und einem Glas Rotwein in der anderen Hand. Oder sich nach dem Essen eine Zigarette anzünden. Um keinen Preis wollten sie sich das nehmen lassen.

Unterstützt von rauchenden Journalisten nutzten aufgebrachte Gastwirte das Fernsehen als Plattform, um auf Abgeordnete zu schimpfen, die das neue Gesetz verteidigten. Manche gingen mit ihrer Klage sogar bis vor das Bundesverfassungsgericht in Karlsruhe. Der charismatischste Vertreter dieser Bewegung war der dauerqualmende Altkanzler Helmut Schmidt, der sich auch in Fernsehtalkshows nicht das Recht auf eine Zigarette nehmen ließ (»Auf eine Zigarette mit Helmut Schmidt« wurde sogar zu einer Interviewreihe im Magazin einer deutschen Wochenzeitung).

»Du als Französin müsstest doch unseren Kampf verstehen«, sagte ein deutscher Freund zu mir, seines Zeichens Gauloises-blondes-Raucher. Ich nickte nur – und wagte nicht, ihm zu sagen, dass diese Form der Geselligkeit in meinem Land zusehends schwand, ohne dass es irgendwen wirklich kümmerte.

Es ist, als würde ein Großteil des Landes ganz nach dem Motto des Gauloises-Slogans »Liberté toujours« leben. In ihrer Kinowerbung pflegen schöne rauchende Menschen ein französisches Savoir-vivre. Der Akzent liegt auf Lebensfreude, Individualismus und Unangepasstheit. Die Deutschen lieben diesen Spot. In Frankreich gibt es ihn überhaupt nicht.

Die Tabakwerbung wurde bei uns schon 1991 aus den Kinosälen verbannt und steht seither unter Strafe. Zigaretten kann man nur noch in den »Bar Tabacs« kaufen, und die Steuern, die der Staat auf Tabakwaren erhebt, sind inzwischen so hoch, dass viele Raucher für Zigaretten mehr ausgeben als fürs Tanken. Anfang 2008 ist mein Land dem Beispiel Italiens und Großbritanniens gefolgt und hat das Rauchen an allen öffentlichen Orten verboten. Meine Landsleute haben die Einschränkung mit erstaunlicher Disziplin hingenommen. Es gab keinen nennenswerten Protest, die Franzosen haben sich nahezu wortlos in ihr Schicksal gefügt.

Deutschland dagegen bleibt für Raucher ein Land, wo Rauchen und Lebensstil untrennbar miteinander verbunden sind. Eine Zigarette im Mund degradiert - einen hier noch lange nicht zum asozialen und kränklichen Wesen, sondern stilisiert einen vielmehr zu jemandem, der das Leben genießt und die Nacht liebt. Um seinen Vorrat aufzustocken, braucht man nur in den nächsten Supermarkt zu gehen oder ein paar Münzen in einen der Zigarettenautomaten in den Kneipen oder Restaurants zu werfen. Und ein nicht zu vernachlässigendes Detail: Der Preis für Zigaretten ist in Deutschland nicht so hoch wie in Frankreich.

Und auch das »Liberté toujours«, die unbedingte Freiheit des Gauloises-Slogans, scheint hierzulande mehr zu gelten als in Frankreich.

Jetzt schon ein Glas Wein?

Deutschland ist ein Land der Frühaufsteher. Morgens um acht Uhr sind die U-Bahnen voll. In Frankreich füllen sich die Waggons der Pariser Métro erst gegen neun Uhr morgens.

Auch dann geht es in Frankreich schön langsam weiter. Erst mal einen Kaffee mit den Kollegen, um den letzten Klatsch über die Firma oder den vergangenen Abend auszutauschen. Eine Angewohnheit, die in der deutschen Arbeitswelt offenbar nicht gern gesehen ist. »Im Büro spricht man nicht über sein Privatleben«, sagt meine französische Freundin aus dem Rheinland.

Kaum ist die Kaffeepause vorbei, muss man seinen Schreibtisch schon wieder verlassen. Einer der Kollegen feiert seine Beförderung, und wer will da fehlen? Nach nicht einmal anderthalb Stunden effektiver Arbeitszeit nimmt der Franzose schon seinen ersten Schluck Crémant aus dem Loiretal und vernichtet damit den letzten Rest Produktivität für den Vormittag. Jetzt, da man ohnehin zu nichts mehr zu gebrauchen ist, kann man genauso gut mittagessen gehen. Für drei Gänge ist immer Zeit. Das Ganze begleitet von einem kleinen Wein, das ist ja auch gut fürs Herz.

Mein Kollege Thorsten denkt nicht an sein Herz. Als ich ihm einmal beim Mittagessen vorgeschlagen habe, ein Glas Rosé zu trinken, guckte er mich nur sehr streng an.

»Du machst doch hoffentlich einen Witz.«

»Nicht mal ein Glas?«

»Nein, sonst kann ich mich heute Nachmittag nicht mehr konzentrieren.«

Da ich nicht allein trinken wollte, bestellte ich wie er ein Glas Mineralwasser.

Wein wäre mir lieber gewesen. Mein Vater hat immer etwas Rotwein zum Essen getrunken. Ich selbst habe es mir angewöhnt, als ich anfing zu arbeiten. Nicht selten kam ich halb betrunken von einem Mittagessen mit Kollegen. Vor allem meine Abteilungsleiter tranken gern. Wenn mich einer von ihnen zum Essen einlud, wusste ich schon, dass ich um eine Flasche Wein nicht herumkommen würde. Aber ich beklagte mich nicht. Immerhin vertrieb der Alkohol meine Schüchternheit, und mein Vorgesetzter konnte Stress abbauen. Nach dem Essen schwankten wir fast Arm in Arm wie zwei alte Kumpel aus dem Restaurant. Bei einigen meiner Kollegen war nach der Mittagspause die Hemmschwelle so niedrig, dass sie sich nicht mehr unter Kontrolle hatten. An einem Frühlingstag – nach einem Mittagessen, bei dem reichlich Alkohol geflossen war – klopfte ich an die

Tür des Leitartiklers unserer Zeitung. Ich sollte in sein Büro kommen, weil er über ein Thema schreiben wollte, mit dem ich mich gut auskannte – überfüllte Gefängnisse. Als ich jedoch in sein Büro trat, war mir sofort klar, dass er anderes im Sinn hatte.

»Was machen Sie am Wochenende?«

Meine Sinne waren vom Alkohol zu sehr vernebelt, um ihn in die Schranken zu weisen.

»Äh, na ja, ich fahre in die Normandie.«

Die Antwort ermutigte ihn.

»Wie schön, fahren Sie alleine?«

»Mit Freunden.«

Er bekam leuchtende Augen.

»Ich würde Sie gerne einmal außerhalb der Redaktion treffen.«

Jetzt ging er zu weit. Unter dem Vorwand, einen Artikel beenden zu müssen, sprang ich auf. Er erhob sich ebenfalls, und noch bevor ich einen Schritt machen konnte, drückte er mich gegen die Wand.

»Ihre Schönheit macht mich ganz verrückt«, flüsterte er, und sein Gesicht schwebte direkt vor meinem.

»Äh, ich muss gehen«, stammelte ich, befreite mich aus der Umklammerung und flüchtete.

Ich war schlagartig wieder nüchtern.

In Deutschland braucht man sich vor derlei Exzessen nicht zu fürchten. Das Mittagessen wird hier oft auf einen rein materiellen Akt reduziert: Man führt seinem Körper Nahrung zu, um anschließend

so schnell wie möglich wieder an die Arbeit zu gehen. Oft dauert die Nahrungsaufnahme nicht länger
als eine halbe oder dreiviertel Stunde. Manche
schlingen ihren kleinen Imbiss sogar in einer Viertelstunde hinunter. Andere bringen sich ihren Salat
oder ihren Sandwich von zu Hause mit. Eine Flasche
Wein ist nie dabei.

Für die Arbeit ist das nicht schlecht. Die in Deutschland lebenden Franzosen staunen oft darüber, mit
welcher Sorgfalt hier Konferenzen vorbereitet werden und wie diszipliniert sie ablaufen.

Wenn die Deutschen bei der Arbeit trinken, dann
am Nachmittag. Als Silke Geburtstag hatte, nahm
sie einen selbstgebackenen Kuchen und ein paar
Flaschen Prosecco mit zur Arbeit. Ein Ereignis, dem
man in Deutschland offenbar so viel Bedeutung bei-
misst, dass man es auch in der Firma feiert.

Was aber nicht heißt, dass die Hierarchien nicht
klar definiert sind. »Herzlichen Glückwunsch, Frau
Müller«, heißt es dann. Man duzt sich nur unter
Freunden. Nicht unter Kollegen.

In Frankreich habe ich sogar als Praktikantin die
meisten meiner Chefs geduzt. Was nicht dazu führte,
dass sie weniger von mir forderten. Eigentlich hätte
ich das Sie bevorzugt.

Ein Präsident wie Sarkozy duzt fast alle seine Mit-
arbeiter und alle Journalisten. Den Beratern der
Kanzlerin würde es nicht im Traum einfallen, sich
von ihr duzen zu lassen. »Ich bin doch nicht ihr
Sklave«, hat mir mal ein Berater von Merkel gesagt,

als wir über die gängige Praxis der vertrauten An-
rede im Élyséepalast sprachen. Dann piepte sein
Handy, und er lief mitten im Satz davon. Wahrscheinlich hatte ihn die Kanzlerin gerade zu sich be-
fohlen. Natürlich per Sie.

Streiken nach Maß

Sind wir hier in Frankreich? Diesen Eindruck konnte man fast gewinnen, als in der letzten Zeit eine Streikwelle das Land überzog: Telekom, öffentliche Verkehrsbetriebe, Flugverkehr – man findet kaum noch eine Branche, die nicht zum Austragungsort heftiger Gesellschaftskonflikte geworden wäre. Und jedes Mal nimmt sich die Berichterstattung durch die Medien aus, als befände sich das Land am Rande des Chaos. In Fernsehstudios geben sich Experten die Klinke in die Hand und versuchen, die »immensen« Kosten der Streiks für die deutsche Wirtschaft zu beziffern. Was den kleinen Mann von der Straße angeht, der weiß schon nicht mehr ein noch aus. »Alles geht den Bach runter!«, sagt er zu den Journalisten, die ihn befragen.

Dieses Schauspiel amüsiert mich. Die Franzosen meckern zwar auch, nehmen solche Ereignisse aber generell gelassener auf. Harte Streiks, die den gesamten öffentlichen Verkehr lahmlegen, sind in meinem Land üblich und können sich zuweilen über mehrere Wochen hinziehen. Wenn mal nicht die

Métro streikt, sind es die Lehrer, die Post oder die LKW-Fahrer, die ihre Arbeit niederlegen. Meine Landsleute haben gelernt, damit zu leben wie mit den Launen des Wetters. Sie wissen, dass sie manchmal über eine halbe Stunde geduldig auf die Métro warten müssen, und finden sich damit ab, gequetscht in den Waggons zu stehen wie Sardinen in der Büchse oder zu Fuß nach Hause zu gehen. Die Presse fördert diese Haltung. Schenkt man den Journalisten Glauben, so ist der Streik für so manchen ein Anlass, aus der Alltagsroutine auszubrechen. In der romantischen Version trifft manch einer dank spontan gebildeter Fahrgemeinschaften oder dank des Durcheinanders in den öffentlichen Verkehrsmitteln auf den Mann oder die Frau des Lebens.

Wenn in Deutschland gestreikt wird, dann hat es gefälligst geregelt abzulaufen. Und nach den Etappen des Warnstreiks: Eine Stunde täglich wird die Arbeit eingestellt. Für uns Franzosen ein höchst merkwürdiges Phänomen.

Als ich meinem Chef in Paris zum ersten Mal von dieser Form des Sozialkampfes erzählte, hat er mich ausgelacht.

»Eine Stunde die Arbeit einstellen, soll das ein Witz sein? So kämpft man in Deutschland für seine Rechte?«

»Na ja, schon!«

»Und mit einer Stunde Streik erreichen sie etwas?«, erkundigte er sich.

»In der Regel genügt das, um einen Konflikt zu beenden.«

Mein Vorgesetzter wunderte sich immer mehr.

»Unglaublich, diese Disziplin ...«, murmelte er.

In den Köpfen meiner Landsleute muss ein Streik möglichst spektakulär sein und möglichst viele Menschen einschränken. Sonst ist er nichts wert. Und er kann jederzeit und an jedem Ort stattfinden, nicht erst nach vorheriger Vereinbarung.

»Ihr Franzosen streikt eben dauernd«, meinte Thorsten einmal lapidar, als ob wir zum bloßen Zeitvertreib streikten.

Was die Deutschen dabei gern vergessen, ist, dass der Rückgriff auf den Streik das Fehlen einer Diskussionskultur kompensiert. Die Macht des französischen Parlaments ist weit weniger ausgeprägt als die des Deutschen Bundestags, und um ein von der Exekutive verabschiedetes Gesetz zu blockieren, bleibt oft nur die Macht der Straße. Um sich Gehör zu verschaffen, verhandeln die Gewerkschaften zunächst einmal über die Streikposten.

Doch davon sind die Deutschen weit entfernt. In einer jüngst veröffentlichten Studie der Hans-Böckler-Stiftung steht, dass die Deutschen gemeinsam mit den Schweizern die europäischen Verteidiger des sozialen Friedens bleiben.

Manche Deutsche sind allerdings auch stolz darauf, dass die Streikkultur in ihrem Land an Bedeutung gewinnt. »Na, siehst du«, triumphierte Thorsten, als unlängst die Berliner Verkehrsbetriebe lahmgelegt wurden.

»Ihr seid auf einem guten Weg«, musste ich zugeben.

Prostitution – ein Geschäft
wie jedes andere

Es war ein sehr erfreulicher Spaziergang für Romain und Marc, zwei französische Freunde, die mich zum ersten Mal in Berlin besuchten. Am Abend ihrer Ankunft schlenderten wir über die Oranienburger Straße, das Herz des alten Scheunenviertels in Mitte. Nach ein paar Metern bemerkte Romain eine extrem sexy angezogene große Blondine. Sie trug eine hauteng Jeans und eine Korsage, die ihren wohlgeformten Busen sichtbar herauspresste. Da es ein wenig kühl war, hatte sie sich eine weiße Pelzjacke über die Schultern gelegt. Zehn Meter weiter stöckelte eine weitere ebenso blonde und üppige junge Frau auf dem Bürgersteig hin und her. Meine beiden Freunde wussten nicht mehr, wo sie hinblicken sollten.

Nach wenigen Minuten hatten wir Romain verloren. Selig lächelnd lief er hinter uns her. »Die war richtig nett. Wenn ich nicht mit euch unterwegs wäre, wäre ich schwach geworden. Unglaublich, wie selbstverständlich sich die Mädels hier in das Stadtbild einfügen.«

Er konnte es kaum fassen, mit welcher Offensichtlichkeit sich die Männer den Frauen näherten und mit ihnen über ihre Preise diskutierten. Als handele es sich um ein Geschäft wie jedes andere.

»Man sollte es in den Reiseführer schreiben: Berlin Mitte mit seinen Cafés, seinen von Kugeln des Zweiten Weltkriegs zerschossenen Altbauten und seinen hübschen Bordsteinschwalben!«, meinte Marc.

Prostitution wird in Frankreich zwar geduldet, aber Zuhälterei ist streng verboten und selbst passiver Kundenfang und Kuppelei sind untersagt. Seit 1946 gibt es ein Gesetz gegen Bordelle, und die Prostituierten müssen auf Parks ausweichen. Oder sie warten an den großen Ausfallstraßen in ihren Wohnwagen auf Kundschaft.

Als kurz vor der Fußballweltmeisterschaft 2006 in Berlin mit dem Freudenhaus Artemis das größte Bordell Europas eröffnet wurde, ging eine Welle des Protests durch Frankreich. Von einer »WM der Schande« war die Rede, und auf Initiative der feministischen Anwältin Gisèle Halimi wurde die Kanzlerin Angela Merkel in einer Petition aufgefordert, etwas dagegen zu unternehmen. Natürlich war der Kampf – in einem Land, in dem Prostitution legal ist – von vornherein zum Scheitern verurteilt.

»Vielleicht sollten wir den nächsten Junggesellenabschied in Berlin feiern. Das ist mal was anderes als die Mädchen in der Rue Saint Denis«, schlug Romain vor. Die Rue Saint Denis ist eine der wenigen Straßen im Zentrum von Paris, in der die Prostituierten sich zu zeigen wagen. Doch sie dürfen nicht einmal ihre Hauseingänge verlassen, wenn sie keinen Ärger mit der Polizei riskieren wollen.

»Ihr wollt diesen frauenfeindlichen Handel doch wohl nicht unterstützen?«, rief ich, bereit, die Sache der Feministinnen zu verteidigen. Doch sie beachteten mich gar nicht und setzten ihr Gespräch fort.

»Andererseits wirkt das hier so banal, dass einem die Lust etwas vergeht«, entgegnete Marc.

Romain pflichtete bei: »Stimmt, ohne diese Aura von Verruchtheit verlieren Prostituierte irgendwie ihren Reiz …«

Würstchen für den Präsidenten

Es brannte vor dem Schloss Bellevue in Berlin. Ich saß in der S-Bahn Richtung Tiergarten und sah Rauchschwaden aus dem Park aufsteigen. Ein Feuer, Brandstiftung, ein Anschlag auf den Präsidenten? Ich beschloss nachzusehen. Schließlich bin ich Journalistin und entsprechend voyeuristisch veranlagt. An der nächsten Haltestelle stieg ich aus und ging Richtung Schloss.

Meine Sensationslust blieb jedoch unbefriedigt. Was ich sah, war keine Polizei im Großeinsatz, sondern eine Horde friedlich grillender Bürger. Decke an Decke saßen sie auf dem Rasen. Neben jeder Decke stand ein Grill und daneben ein Mann (beim Grillen gibt es keine Gleichberechtigung). Mit nacktem Oberkörper hantierten die Männer mit ihren Zangen, wendeten die Würstchen, prüften das Fleisch und wischten sich dabei den Schweiß von der Stirn. Es roch nach Knoblauch und Spiritus, und das Fett zischte, wenn es auf die heißen Kohlen tropfte. Was war das? Die Leute benahmen sich, als ständen sie gerade in der eigenen Küche. Und das vor dem

Palast des Präsidenten. Was, wenn ein Staatsgast kommt, und das Erste, was er sieht, sind Würstchen? Oder kommt auch der Präsident vorbei und nimmt sich eins vom Rost?

Dass Grillen in Deutschland als Bürgerrecht gilt und ebenso heiß verteidigt wird, ahnte ich damals noch nicht. Doch als der Sommer zu Ende war, wusste ich es: Das Recht auf freies Grillen ist unantastbar.

Sobald die Temperatur auch nur knapp über Bodenfrost steigt, holen die Deutschen und alle hier lebenden Ausländer ihren Grill heraus und besetzen damit jeden grünen Fleck der Stadt. Sie schleppen Plastiktüten voll von Kochutensilien mit sich und funktionieren den Park in eine riesige Freilandküche um. Und dabei ist ihnen völlig egal, wo dieser Park liegt. Genauso wenig scheint es sie zu interessieren, was gegessen wird (meist diese seltsamen weißen Würstchen). Wichtig ist einzig und allein, dass man sich draußen trifft, um das schöne Wetter zu genießen.

In Paris wäre das unvorstellbar. Nie würde es jemand wagen, in der Umgebung des Palais d'Élysée oder vor der Residenz des Premierministers Fleisch zu braten. Das verbietet allein der Respekt vor der politischen Elite. Außerdem würde einen die Polizei schneller verjagen, als man eine Flasche Wein öffnen kann. Aber auch weiter entfernt vom Regierungssitz setzt sich kaum jemand in einen Stadtpark und grillt. Der Jardin du Luxembourg oder die Tuilerien sind einfach nicht dafür gemacht. Der französische Park ist gestaltete Natur, was zählt, ist die Ästhetik und nicht die Natürlichkeit. Den Rasen zu betreten ist verboten. Darauf zu kochen unmöglich.

Früher machte ich mit meinen Freunden Picknicks an den Quais de Seine oder auf dem Rasen unter dem Eiffelturm. Wir hatten eine Flasche Wein, Baguette und Taboulé. Doch niemals wären wir auf die Idee gekommen, ein Feuer anzumachen. Auf dem Land oder im eigenen Garten legt man ein Steak auf den Rost oder grillt Merguez, eine Paprikawurst. Aber nicht in der Stadt und schon gar nicht in Paris.

Ich finde die deutsche Grillwut wunderbar! Nichts scheint so unkompliziert, wie sich spontan zu einem Grillabend im Park zu treffen. Mein Freund Martin sagt: »Lass uns grillen!«, und nach einer Stunde und vier SMS findet man sich im nächsten Park wieder. Thorsten hat einen Grill an der Tankstelle gekauft, Silke bringt eingeschweißte Würstchen mit, und Tamara hat sich sogar die Zeit genommen, ein paar Kartoffeln in Folie zu wickeln. Wir sitzen auf einem erdigen Stück Rasen, das Unkraut pikst, das Bier ist warm, die Wurst schmeckt scheußlich. Es ist herrlich.

Nur am nächsten Tag sehen die Parks wie Schlacht-felder aus. Denn die sonst so recyclingfreudigen Deutschen denken gar nicht daran, ihren Müll in die Tonne zu schmeißen. Mit jedem sonnigen Wochen-ende vermüllt der Tiergarten mehr. Da kann die Stadt mit Strafen bis zu 5000 Euro drohen. Beim Grillen sind die Deutschen Anarchisten.

Mallorca, der Deutschen
liebstes Reiseziel

Mallorca, Mallorca und nochmals Mallorca. Die Deutschen scheinen immer nur diese Insel im Sinn zu haben, wenn sie an Erholung denken. Und der Refrain lautet immer gleich: »Schön warm, leckeres Essen, wunderschöne Insel mit niedrigen Preisen.« Wenn man das so hört, könnte man meinen, es sei der einzige Ort im Süden, an dem man es aushalten kann.

Mallorca ist eine Insel für alle. All meine Nachbarn, Kollegen und Freunde waren mindestens schon einmal dort. Sie fahren für ein Wochenende, in den Schulferien, auf Hochzeitsreise oder zu einem beruflichen Seminar. Und die deutsche Prominenz ist auch dabei. Claudia Schiffer, Boris Becker oder Sabine Christiansen residieren hier, und sogar der Exkanzler und Sozialdemokrat Gerhard Schröder, eigentlich bekennender Italienurlauber, erklärte, dass er »Mallorcafan ist und bleibt«.

Und so warte ich täglich darauf, dass mein Freund mir vorschlägt, in den nächsten Flieger nach Mallorca zu steigen.

Es gibt keinen anderen Flughafen auf der Welt, der so viele Direktflüge nach Deutschland anbietet. Selbst kleine Städte wie Hof, Schwerin oder Paderborn haben eine Direktverbindung mit Mallorca. Neulich las ich von einer deutschen Obdachlosen, die am Flughafen von Palma lebt. Das Flughafenpersonal duldet sie wegen ihrer – man könnte sagen deutschen – Disziplin: Sie wäscht sich jeden Tag und bettelt nicht.

Aber was hat es mit dieser Insel auf sich, die die Deutschen anzieht wie die Fliegen? Was ist mit Sizilien, den griechischen und kroatischen Inseln, Korsika und Djerba?

Die Antwort ist einfach: Sie sind nicht deutsch. Mallorca aber ist das siebzehnte Bundesland. Die Deutschen haben die Insel erfolgreich kolonialisiert. Wie sonst nirgends im Ausland können sie dort über eine hundertprozentige deutsche Infrastruktur verfügen. Das Restaurant hat eine deutsche Speisekarte. Der Installateur hat vorher in Düsseldorf gearbeitet, der Anwalt ist Niedersachse, der Bankangestellte kommt aus Wuppertal, und in jedem Kiosk liegt eine »Bild«. Sogar die große deutsche Samstagabendshow »Wetten, dass ...?« wurde im Sommer in der Arena von Palma aufgezeichnet. Die deutsche Dominanz ist hier so selbstverständlich, dass einem alles andere spanisch vorkommt. Wer weiß, vielleicht wird eines Tages ein deutscher Kanzler auf der Insel auf Deutsch eine Rede halten und seine Landsleute auffordern, sich nicht von den Spaniern assimilieren zu lassen, so wie der türkische Premierminister Recep Tayyip Erdogan im Februar 2008 in Köln.

Darüber können wir Franzosen natürlich nur den Kopf schütteln. Denn als gute Patrioten, die wir sind, verbringen wir unseren Urlaub am liebsten – in Frankreich. »Warum sollte man woanders hinfahren, wo unser Land so schön ist und eine so abwechslungsreiche Landschaft bietet«, sagen sich die meisten meiner Landsleute. Eine Haltung, die uns schon in der Grundschule eingetrichtert wird. Im Geographieunterricht entdecken wir die raue Schönheit der bretonischen Küste, die wellenumtoste Atlantikküste, die schneebedeckten Gipfel der Alpen und Pyrenäen, die wogenden Palmen der Côte d'Azur und die Schönheit Korsikas – mit einer kleinen Fußnote zum Unabhängigkeitsstreben der Korsen. Für alle, die von ferneren Gefilden träumen, gibt es schließlich noch die französischen Antillen oder La Réunion.

Wenn es ein Mallorca der Franzosen gibt, dann ist es die heimische Côte d'Azur. Gleichwohl ist der Mythos, der die Côte d'Azur umweht, nicht neu. Schon zu Beginn des zwanzigsten Jahrhunderts hat der Landstrich Schriftsteller, Maler und Filmstars in seinen Bann geschlagen. Das Filmfestival, das jedes Jahr im Mai in Cannes stattfindet, hält diesen Mythos am Leben. Den Rest besorgen das milde Klima und die Natur.

Ebenso wie auf den Balearen brechen im Sommer Touristenströme invasionsartig über die Region herein: Das Resultat sind gigantische Autoschlangen, exzessive Bauwut, Immobilienspekulanten, schlechte Restaurants. An den Stränden geht es zu wie an einem Samstag im Supermarkt, Touristenhorden mit roter oder gebräunter Haut trinken literweise Alkohol, um dann auf allen vieren ins Bett zu kriechen. Diesem traurigen Spektakel beizuwohnen kostet auch noch viel Geld.

Bislang bin ich um den Mallorca-Urlaub herumgekommen. Das Herz meines Freundes schlägt nämlich für Italien. Aber das ist ein anderes Kapitel.

Italienisch für Angeber

Ich hatte immer geglaubt, die französische Küche und Kultur wären für die Deutschen eine Art Ideal. Doch ich habe mich getäuscht. Seit ich in Deutschland lebe, ist mir klar: Hier ticken die Uhren italienisch. Mittags Ciabatta mit Tomaten und Mozzarella, nachmittags Cappuccino, abends Pasta.

Die Deutschen lieben Italien. Sie verehren es mit einer fast unterwürfigen Demut. Alles an Italien ist unschlagbar: Das Essen! Die Sprache! Die Menschen! Wenn es um Italien geht, werden sie vollkommen irrational.

»Und was ist mit Frankreich?«, unterbreche ich Tamara, als sie zum hundertsten Mal das Dolce Vita preist. »Paris ist eine sehr elegante Stadt«, tröstet sie mich, »und die Provence ist auch sehr hübsch.« Die Deutschen achten die französische Kultur, aber sie sind nicht verrückt nach uns. In ihrer Italienbegeisterung hingegen werden sie zu Missionaren.

Zu meinem Geburtstag ließen meine deutschen Freunde es sich zum Beispiel nicht nehmen, mir ein italienisches Kochbuch zu schenken. Was war in sie

gefahren? Steht es so schlimm um meine Koch-
künste? Und wieso soll ich ausgerechnet lernen, Mai-
länder Schnitzel zuzubereiten?

»Das ist ein ganz tolles Kochbuch, mit supereinfa-
chen und total leckeren Rezepten. Du hast doch noch
kein italienisches Kochbuch«, sagte Tamara.

Ich hatte es bislang allerdings auch noch nicht ver-
misst. Doch ein italienisches Kochbuch gehört offenbar ebenso zur Grundausstattung einer deutschen Küche wie ein Schmortopf.

Als Nächstes kam Thorsten mit einer Flasche Grap-
pa an. »Ein Souvenir aus meinem Italienurlaub«,
verkündete er.

Jetzt fehlt nur noch der Italienischkurs für An-
fänger, dachte ich. Nicht, dass irgendeiner meiner
Freunde einen belegt hätte. Sie waren alle schon in
der Fortgeschrittenengruppe.

»Due espressi«, sagte Tamara in unserem sperrmülligen Lieblingscafé, das von zwei Schwaben geführt wird, und bestellte noch ein Tramezzini con
prosciutto dazu. »Grazie mille!« Am liebsten hätte
ich ihr meinen Café au Lait über den Kopf gegossen.

Vor der Italienliebe gab es kein Entkommen. So-
sehr ich auch meine Chansons anpries, am Ende des
Abends landeten wir doch wieder bei Paolo Conte
und Eros Ramazotti. »Ihre Sprache ist so musika-
lisch«, wiederholt Tamara mit der Regelmäßigkeit
eines Metronoms.

»Und was ist mit Französisch, merde alors?«,
fragte ich sie. Aber sie hatte schon den Mixer an-

gestellt, um frisches Pesto zuzubereiten, und hörte mich nicht mehr.

Je länger ich das Treiben um die Italiener beobachtete, desto nervöser wurde ich. Die Kultur meines Landes drohte in dem italienischen Trubel völlig unterzugehen.

Ich versuchte meinen Freunden die großen französischen Designer und luxuriöse Pariser Einkaufstempel wie die Galeries Lafayette oder das Printemps Haussmann näherzubringen. Aber nichts zu machen. Meine Freunde stürzen sich in den Ruin, um sich eine schöne italienische Espressomaschine oder ein Kostüm von Armani oder Prada zu kaufen. Und nichts geht über italienisch klingende Vornamen für die Kinder: Luca, Luisa, Isabella, Carla sind der letzte Schrei.

Ich malte ihnen aus, wie exquisit ein französisches Rendezvous an mit weißen Tischdecken verhüllten Bistrotischen sein könnte. Keine Chance. Frisch verliebt trafen sie sich – wo auch sonst? – beim Italiener. Der Akzent der Kellner, die rotweiß karierten Tischdecken, die über den Antipasti-Vitrinen hängenden Schinken, das Olivenöl und die Pastagerichte schienen ihnen die perfekte Kulisse für einen romantischen Abend zu sein.

Auch mein Freund Martin wurde es nie leid, mich zu seinem »Lieblingsitaliener« zu schleppen. Eines Abends – es war das dritte Mal in drei Wochen – schlug er mir bei dieser Gelegenheit zu allem Überfluss auch noch vor, unseren Urlaub in der Toskana zu verbringen. »Ich kenne da ein wunderschönes Dörfchen mit Häusern aus dem fünfzehnten Jahrhundert. Es gibt dort ein charmantes kleines Hotel und ein erstklassiges Restaurant gleich an der Piazza, und vor allem hat man eine phantastische Aussicht auf die umliegenden Hügel. Was hältst du davon?«

»Es gibt auch andere Orte mit alten Steinen, wo es warm ist und man gut essen kann!«, wagte ich anzumerken.

Er sah mich verstört an.

»Ich nehme an, du denkst dabei an Frankreich?«

»Nicht unbedingt. Man kann auch nach Kroatien fahren oder nach Spanien oder in die Türkei«, sagte ich.

»Von meinem zehnten bis zu meinem sechzehnten Lebensjahr habe ich jeden Sommer in der Toskana verbracht«, sagte er.

Genau deswegen wäre es Zeit zu wechseln, dachte ich bei mir und sagte: »Wir müssen das ja nicht heute entscheiden. Lass uns noch mal in Ruhe darüber nachdenken, okay?«

Aber mir wollte dieses Phänomen nicht aus dem Kopf gehen. Das ganze Land scheint der Faszination Italiens erlegen zu sein. Eine alte Villa in der Toskana oder in Umbrien gehört hierzulande zum Lebenstraum eines jeden.

Als glaubten die Deutschen, die italienische Lebensart mache sie zu besseren Menschen: sympathischer, flexibler, phantasievoller, attraktiver. Ein

»Ti amo« hat in deutschen Ohren die Wirkung einer erotischen Bombe. Ihr eigenes »Ich liebe Dich« klingt ihnen dagegen wohl zu banal.

»Die Liebe zu Italien ist tief in uns verankert«, meinte mein Kollege Thorsten auf das Italien-Thema angesprochen, »das fängt bei Goethes Italienreise an und hört bei der Toskana-Fraktion in den 90er Jahren auf.« Seit Berlusconi habe Italien allerdings ein wenig an Ansehen verloren, tröstete er mich.

Eines steht fest. Eine derartige Italienverehrung wäre in Frankreich unvorstellbar. Das italienische Restaurant ist eine gute Alternative zur französischen Küche, aber es bleibt eine Alternative.

Wir brauchen schon etwas mehr, um aus unserer gewohnten Welt auszubrechen: ein afrikanisches Restaurant oder einen Club mit lateinamerikanischer Musik. Aber Italien ist uns einfach zu nah. Außerdem glaubt niemand, dass man die Franzosen an Eleganz und Luxus überholen könnte.

Natürlich bewundern auch wir schon mal die Flexibilität der Amerikaner, die Lebenskunst unserer spanischen Nachbarn oder den Humor der Briten. Aber für nichts auf der Welt würden wir den Lebensstil eines anderen Landes kopieren wollen, denn wir sind überzeugt, dass einem kein größeres Glück widerfahren kann, als in Frankreich geboren zu werden und dort zu leben.

Multikulti ist cool

»Unsere Stadt ist sehr multikulti«, »Ich liebe mein Viertel, es ist so multikulti«. Wie oft habe ich diese Sätze schon in Berlin gehört. Von Pressesprechern engagierter Politiker, von Sozialarbeitern mit Kiez-Verantwortung, von Integrationsbeauftragten, aber auch von meinen Freunden. Klingt komisch, dieses »multikulti«, dachte ich. Was genau wollen die Deutschen damit eigentlich sagen?

Meine Frage wurde mir unversehens beantwortet. Auf dem Karneval der Kulturen.

»Da musst du unbedingt hin!«, sagte Thorsten zu mir. Er hatte den Ablauf bereits organisiert, wir wollten uns morgens um zehn treffen, auch wenn ich das an einem Samstag für ziemlich früh hielt.

Das Nationenfest war schon in vollem Gange. Die Straße war seitlich abgesperrt, und ein Wagen nach dem anderen zog an der jubelnden Menge vorbei: Brasilianerinnen in kurzen Röcken, Chilenen auf Stelzen und bogenschießende Mongolen tanzten die Straße hinunter. Es war ein richtiges Happening – so bunt hatte ich Berlin noch nie gesehen. »Ganz schön exotisch«, schrie ich Thorsten ins Ohr, während eine Trommelgruppe aus Togo an uns vorbeizog. »Ja, ist das nicht toll? Wir haben eben Glück, dass wir hier in Berlin so viele unterschiedliche Kulturen haben«, schrie er zurück. »Man hat ja nicht alle Tage die Gelegenheit, diese Vielfalt so authentisch zu erleben.«

Authentisch? Mein Kollege hatte eine ganz schön romantische Vorstellung von anderen Kulturen, schien mir. »Aber der Karneval ist doch Augenwischerei, nach dem Wochenende habt ihr doch eh keinen Kontakt mehr mit der ausländischen Gemeinde«, begann ich, doch Thorsten war längst verschwunden. Ich drängelte mich vorbei an den Auslagen mit afrikanischen Taschen, an den Ständen mit Grillspießen und getrockneten Bananen, bis ich ihn am Ende wiederfand. Er stand mit einem Mojito in der Hand vor einem Tresen aus Eiswürfeln und schien sich der kulturellen Verständigung auf ganz eigene Weise zu widmen. Ich wollte nicht länger die Querulantin spielen und bestellte mir auch einen.

Doch so richtig konnte ich mir diese überschwängliche Begeisterung für andere Kulturen – wobei die Betonung auf Kulturen liegt, islamische Terroristen, kurdische Rebellentruppen oder Kleinkriminelle mit Migrationshintergrund gehörten natürlich nicht dazu – nicht erklären. Die Ausgelassenheit, mit der sie ihr Multikultitum feierten, war geradezu beängstigend. Dass die Deutschen die Exotik derart genossen, hatte ich bislang nur beim Essen bemerkt.

Anders als in Frankreich scheint Deutschland, was

die Ernährung betrifft, durchaus für Neues offen zu sein. Der Dönerkebab hat im Fastfood-Ranking mittlerweile sogar der Curry- und der Bratwurst den Rang abgelaufen. Diese kulinarische Spezialität ist so sehr Bestandteil des deutschen Speiseplans geworden, dass sie ohne weiteres als deutsches Kulturgut durchgeht. Das ist mir vor ein paar Jahren auf einer Reise nach Vietnam klargeworden, wo ich im Innenhof des Goethe-Instituts in Hanoi mit Staunen einen Döner-Stand entdeckte. Die Vietnamesen, die sich mit der deutschen Sprache und Kultur vertraut machten, mussten zwangsläufig denken, sie würden eine Spezialität der deutschen Küche kennenlernen.

Die Nordafrikaner, die in Frankreich versuchen, uns ihre Kebabs näherzubringen, sind sehr viel weniger erfolgreich. Wenn sich unser Magen meldet, ist unser erster Impuls, zum Bäcker zu gehen und ein Baguette mit Schinken oder Käse zu kaufen. In meinem Land braucht niemand die Vorzüge einer multikulturellen Gesellschaft zu beschwören, um seine eigene Identität zu vervollkommnen. Zumal bei unserem grenzenlosen Patriotismus eine solche Haltung völlig unüblich ist. Aber vielleicht liegt es auch daran, dass die Präsenz von Ausländern bei uns sehr viel offensichtlicher ist als in Deutschland. Wenn man in Paris durch den Ost- oder Südteil der Stadt spaziert, fühlt man sich plötzlich auf einen anderen Kontinent versetzt. In manchen Straßen ist man der einzige Weiße in einer Masse von Westafrikanern oder Asiaten. Rund um den Gare de l'Est sind fast alle Geschäfte, Friseursalons, Telefonläden, Reisebüros und Obst- und Gemüseläden in der Hand afrikanischer Einwanderer.

Als mein Freund Martin mich einmal in Paris besuchte, kam er aus dem Staunen nicht heraus. »Ist ja ganz schön bunt hier«, sagte er immer wieder bewundernd. Ich zuckte nur mit den Schultern. Für mich war das nichts Besonderes. Erst da fiel mir auf, wie wenig unterschiedliche Hautfarben man in Berlin sieht. Ein Afrikaner muss sich in Berlin-Mitte ziemlich einsam vorkommen.

Und dennoch lieben meine deutschen Freunde den Karneval der Kulturen. Auch wenn keiner von ihnen einen Afrikaner zum Freund hat. Ihre Eltern reisen zwar im Sommer gern in die Türkei, aber sie wären weniger erfreut, wenn ihr Sohn oder ihre Tochter eine Türkin oder einen Türken heiraten wollte.

»Ist seine Familie nicht sehr religiös?«, hatte sich die Mutter einer meiner Berliner Freundinnen erkundigt, als diese sich in einen Deutschtürken verliebt hatte. Der Freund hatte sein Abitur in Deutschland gemacht und schrieb gerade an seiner Magisterarbeit. Weder trug seine Mutter Kopftuch, noch war er jemals in die Moschee gegangen. Und doch konnten sich ihre Eltern nach ihrer Trennung ein erleichtertes Aufseufzen nicht verkneifen.

Ähnlich ist es mit den Schulen. Sobald die jungen Leute aus dem Multikultiviertel Kreuzberg Eltern werden, möchten sie ihre Kinder lieber nicht in die

Schulen schicken, in denen 90 Prozent der Schüler türkischer Abstammung sind. Lieber suchen sie sich einen zweiten Wohnsitz in einem Viertel mit weniger Multikulti und eine Privatschule. Die Kinder lernen im Kindergarten Spanisch und Chinesisch, Türkisch auf dem Pausenhof steht dafür nicht auf dem Plan. Diese Verlogenheit ist in Frankreich um keinen Deut besser. Auch dort kriegen die Eltern einen Schreck, wenn die Tochter einen Maghrebiner nach Hause bringt. Und die »richtige« Schule gilt hier mehr denn anderswo als der Grundstein für die spätere Karriere. Allerdings würde auch keiner von ihnen das Multikulti-Leben so überschwänglich preisen wie hierzulande.

Die gleiche Diskrepanz wie am Küchentisch der Berliner Altbauwohnungen findet man auch in der Politik. Einige Parteien verteidigen zwar stolz das Multikulti-Modell und präsentieren sich gern als Vertreter einer offenen und toleranten Gesellschaft. Doch sie haben sich nicht wirklich mehr Gedanken darüber gemacht, wie man die Ausländer besser integrieren und das Erlernen der deutschen Sprache erleichtern könnte, als andere politische Gruppen. So wurde das Geburtsortprinzip, das in Deutschland geborenen Ausländern die Möglichkeit eröffnet, die deutsche Staatsbürgerschaft anzunehmen, erst 2001 eingeführt, und der erste nationale Integrationsplan wurde 2007 verabschiedet, also fast fünfzig Jahre nachdem die ersten türkischen Gastarbeiter ins Land gekommen waren!

In Deutschland beschränkt sich die Botschaft der Toleranz, die dem Begriff »multikulti« innewohnt, auf Äußerlichkeiten. Nach dem deutschen Multikulturalismus gefragt, verweist der deutsch-türkische Autor Feridun Zaimoglu auf die friedliche Koexistenz der Landesspeisen. Zaimoglu war ein Jahr alt, als er mit seinen Eltern nach Deutschland kam, doch er wird noch immer zu Rate gezogen, wenn es um Probleme mit der türkischen Integration geht. Für die Deutschen ist er ein Türke geblieben.

An jenem Nachmittag beim Karneval der Kulturen war ich letztendlich zu einem Schluss gekommen: In Deutschland liebt man die fremden Kulturen entweder aus der Ferne oder wenn man sie selbst erlernen kann (es gibt kein Land mit so vielen Salsakursen wie Deutschland). Die Liebe der Deutschen für das Multikulti-Sein ist mehr eine Sache des Verstands als eine Herzensangelegenheit. Wenn sie »multikulti« sagen, schwingt immer ein gewisser Stolz in ihrer Stimme mit. Als könnten sie damit das Image eines weltoffenen und bunten Volkes heraufbeschwören. Als würde die Präsenz fremder Kulturen eine Lücke in der deutschen Identität füllen. Es mit Multikulti zu stopfen ist jedenfalls keine schlechte Idee. Immerhin eine Abwechslung von der Arroganz meiner Landsleute.

Spargel, eine deutsche Passion

Im April bricht die Zeit der »Spargelmanie« an. Mit der größten Selbstverständlichkeit verzehren die Deutschen ab sofort nur noch eins: weißen Spargel. Ein einziges Gemüse beherrscht ab jetzt den Markt. In allen Restaurants werden Spargelmenüs angeboten, die Supermärkte verkaufen Spezialsets mit Fertig-Sauce-Hollandaise, Schinken und passendem Weißwein, und Freunde organisieren große Spargelessen. Es gibt sogar einen Schnaps aus Spargel.

Ich habe nichts gegen Spargel. Was aber so besonders daran sein soll, dass man ihm eine ganze Saison widmet, ist mir ein Rätsel.

»Das ist mein erster Spargel dieses Jahr«, sagt Silke in der einzigen deutschen Kneipe unseres Viertels und schließt die Augen, als würde sie gleich zu beten beginnen, bevor sie die Gabel in einen gedünsteten weißen Spargel sticht. Auf dem Teller liegen dicke Scheiben von Schwarzwälder Schinken und ein Berg Pellkartoffeln, den sie mit heißer Butter übergießt – für Puristen wie Silke die einzig wahre Art, Spargel zu genießen. »Hast du denn schon Spargel gegessen dieses Jahr?«, will sie von mir wissen. Ich muss kurz überlegen.

In Paris habe ich Spargel kaum beachtet. Ehrlich gesagt, mochte ich dieses Gemüse nie besonders, im Gegenteil, als Kind habe ich es gehasst. Bei uns aß man ihn kalt mit Vinaigrette oder in Schinken gerollt und überbacken. Sein leicht bitterer Geschmack drehte mir den Magen um.

»Keine Ahnung, ich glaube, im Januar in Paris hatte ich ein bisschen Spargel im Salat«, sagte ich zu Silke. »Das ist etwas anderes«, meinte Silke und blickte mich streng an. »Ich meine richtigen deutschen Spargel.«

Für die Deutschen ist der Spargel heilig. Patriotisch wie sonst selten stehen sie zu ihrem deutschen Gemüse. Nie würde es ihnen in den Sinn kommen, Spargel aus Italien oder Griechenland zu kaufen. Die Statistiken belegen das. Spargel »made in Germany« machte 86 % des Spargelverkaufs im Mai 2008 aus. Kein Wunder. In allen Regionen Deutschlands wird Spargel angebaut. Schon Ende März machen die begeisterten Anhänger in den Supermärkten die ersten Kisten Spargel ausfindig, die gerade frisch von den Feldern um Beelitz aus der Region Brandenburg eingetroffen sind.

»Man genießt die Spargelzeit so, weil sie nur ein paar Wochen dauert«, sagte Silke und schob sich den letzten Happen Spargel-Kartoffel-Schinken in den Mund. Ihre Hingabe für dieses einfache Gemüse beeindruckte mich.

Ich beschloss, es ihr gleichzutun, rannte in den nächsten Supermarkt und kaufte eine Kiste Spargel. Auch Martin sollte sein Spargelessen haben. Auf dem Weg nach Hause klingelte mein Handy, ich klemmte es mir unter das Ohr, während ich die Kiste auf einem Knie zu balancieren versuchte. »Was ist los mit dir, was schnaufst du so?«, wollte meine Mutter wissen. »Ich schleppe Spargel«, sagte ich. »Hier ist gerade Spargelzeit. Man isst ihn mit Schinken und Kartoffeln.« – »Wieso erzählst du mir das? Gibt es das restliche Jahr über keinen Spargel?«, fragte meine Mutter und wechselte das Thema. Sie schien sich nicht im Geringsten für Spargel zu interessieren.

Berlin, Zoologischer Garten

Alles hatte so gut angefangen. Blauer Himmel, fünfundzwanzig Grad, ein gemütlicher Sonntagmorgen. Martin hatte den Tisch auf den Balkon getragen, und ich war mit einem Frühstückstablett gefolgt, das jedem Brunchbuffet Konkurrenz machen konnte. Doch kaum hatten wir uns den ersten Löffel Marmelade auf unsere Brötchen gekleckst, kam es zur Attacke. Der Angriff der Superwespen.

Vor meinen französischen Freunden hatte ich immer ein Loblied auf das grüne Berlin gesungen. Leider zieht dieses ganze Grün auch eine Fauna an, die ich endgültig aus den Großstädten verbannt geglaubt hatte. Allen voran die Wespen.

In Paris gibt es so etwas schon lange nicht mehr. Da verirrt sich höchstens einmal eine Biene oder Hummel in die Gärten der Vorstädte. Aber dabei bleibt es dann. Na gut. Mücken gibt es auch.

Bei so viel städtischer Natur überraschte es mich nicht, dass die Berliner am Wochenende weit weniger das Bedürfnis verspüren, die Stadt hinter sich zu lassen und hinaus aufs Land zu fahren. Sie machen einfach ihre Stadt zum Land. In ihren Windjacken radeln sie durch die Straßen, als wären sie auf dem Deich. Selbst ich, die unsportlichste Frau der Welt, habe mir in Berlin ein Fahrrad zugelegt. In Paris wäre ich nicht auf die Idee gekommen.

Die meisten Pariser verlassen ihre Stadt so oft wie möglich. Viele Franzosen haben einen Zweitwohnsitz, an dem sie die Wochenenden des Jahres und schließlich ihren Lebensabend verbringen. Oftmals sind diese Häuser ererbter Familienbesitz, oder man kauft sich ein Häuschen in der Gegend, in der man aufgewachsen ist. Immer aber ist dieser Ort eine beliebte Zuflucht, die einem gestattet, sich für ein paar Tage in ein anderes Leben hineinzuträumen.

In Berlin lebt man schon mittendrin in der Wildnis. Um das Image der grünen Metropole zu pflegen, hat die Berliner Stadtverwaltung einen recht einfachen Trick angewendet: Sie überlässt den öffentlichen Raum einfach mehr oder weniger sich selbst. Berlin ist vermutlich die ungepflegteste Stadt Europas. Zwischen Pflastersteinen kann Unkraut ungehindert gedeihen, und zahlreiche Risse ziehen sich durch den Asphalt, Schlaglöcher zieren die Alleen, und Laub häuft sich erst mal mehrere Tage an, bis es zusammengefegt wird. Um den Zustand der Straßen nicht aus Versehen zu verbessern, ersetzen die Berliner Stadtplaner kaputte Straßenbeläge durch alte Pflastersteine. Das Resultat ist eine Katastrophe für alle Frauen mit hohen Schuhen.

In meinen ersten Wochen in Deutschland hielt ich mich noch stur an meinen Pariser Look und stöckelte mit Pfennigabsätzen über die Berliner Straßen. Erst als ich auf diese Weise drei meiner Pumps ruiniert hatte und mehrmals auf den regennassen Straßen ausgerutscht war, begann ich mein Schuhwerk zu überdenken. Zwar leistete ich einen Beitrag zur Unterstützung der Berliner Schuhmacher, hatte mir dabei aber fast das Bein gebrochen. Ich dachte ernsthaft daran, eine Gesellschaft zum Schutz des Asphalts und des weiblichen Schuhwerks zu gründen. Vielleicht würde ich andere Opfer finden, die sich mir anschließen würden. Es ist ein Unding, dass die Hälfte der Bevölkerung nicht einfach Schuhe mit Absätzen anziehen kann, wann immer ihr der Sinn danach steht. Und die Damen, die es wagen, Pumps zu tragen, müssen ein Modell mit so klobigen Absätzen wählen, dass ihr Gang an das Stampfen von Elefanten erinnert. Mit Eleganz hat das wenig zu tun.

In Paris spazieren die Frauen hocherhobenen Hauptes über ordentlich asphaltierte Straßen. Egal ob Mutter, Karrierefrau oder Studentin – alle laufen auf hohen Absätzen Treppen hoch und Bürgersteige entlang. Turnschuhe sind Jugendlichen und Sportlern vorbehalten. Wer nicht unter eine der beiden Kategorien fällt und sie trotzdem im Alltag trägt, gilt in Paris als »underdressed«.

So weit wollte ich es trotz meines Exildaseins nicht kommen lassen. Also versuchte ich es mit einer anderen Strategie: Ich ging einfach langsamer. Seitdem komme ich zu den meisten Terminen zu spät. Aber das hocherhobenen Hauptes.

Wie viele Kleider braucht eine Hochzeit?

Neulich erhielt ich eine Mail von einem deutschen Freund. Der Betreff: unsere Hochzeit. Auf unserem Küchentisch lag schon seit längerer Zeit eine Einladung aus handgeschöpftem Papier. Die nachgeschickte Mail enthielt noch einmal den genauen Ablauf der Hochzeit: Polterabend, Trauung, Empfang, Dinner und Brunch am Tag danach. Unter dem Zeitplan waren folgende Anweisungen aufgelistet: 1. Alle Sketche, Lieder, Vorführungen lustiger Art sollen am Polterabend stattfinden (anzumelden beim Trauzeugen). 2. Nach der Kirche gibt es einen Shuttle zum Restaurant und zurück ins Hotel. 3. Das Dinner beginnt um 19:30 Uhr. Es gibt genug Zeit, die Garderobe zu wechseln. »Ich freu mich auf euch, das wird ein großartiges Fest!«, hatte er noch daruntergeschrieben. Ich freue mich auch, dachte ich, aber was soll die ganze Organisation?

»Wieso sollte man die Garderobe wechseln wollen? Denkt er, dass wir uns alle bekleckern«, fragte ich Tamara, die auch eine Einladung bekommen hatte, als wir in unserem kleinen sperrmülligen Lieblingscafé saßen. »Du kannst ja schlecht im Abendkleid in die Kirche«, meinte sie und hielt den Kopf schief, wie sie es immer tut, wenn sie angestrengt nachdenkt. »Ich glaube, ich trage abends mein langes Schwarzes und zur Trauung das hellblaue, oder meinst du, das ist zu kurz?« Ehe ich antworten konnte, war sie schon aufgesprungen, um sich noch eine Bionade aus dem Regal zu holen. »Aber was ziehe ich bloß zum Polterabend an?«

Ich hatte bei ihrer Kleideraufzählung in Gedanken mitgezählt und musste schlucken. »Ihr braucht drei Kleider für eine Hochzeit?«, fragte ich.

»Wieso? Ihr Franzosen seid doch immer so schick, und bei einer Hochzeit hängt ihr die ganze Zeit in einem Kleid herum?«, antwortete Tamara ungerührt. »Hör mal, das ist das Fest des Lebens!«

Und das braucht einen Tag und ein Kleid, dachte ich.

In Frankreich geht eine klassische Hochzeit am Samstagnachmittag los. Danach kommt der Empfang und anschließend das Dinner. Keine Zeit, sich umzuziehen. Und von Polterabend hatte ich bis dahin noch nie gehört. »Also, ich werde mir kaum drei neue Kleider kaufen«, ließ ich Tamara wissen. Sie guckte mich nur mitleidig von der Seite an.

Sie hatte recht.

Als Martin und ich zum Polterabend eintrafen, war die ganze Gesellschaft schon da. Die Frauen trugen bunte Kleider oder Röcke, die Männer legere Anzüge. Keines der Kleider meiner Freundinnen hatte ich jemals vorher an ihnen gesehen. Vorne war eine kleine Bühne aufgebaut. Das Programm war in vollem Gange. Eine Gruppe von acht Frauen mit schwarzen Perücken tanzte als Showeinlage im perfekten Gleichklang, es folgte eine Gruppe Herren mit einem selbstgereimten Lied, mit dem sie beim Eurovisions-Contest gepunktet hätten, und am Schluss führten ein paar Freunde einen Sketch vor, der auch als Premiere in einem Schauspielhaus Begeisterung ausgelöst hätte. Ich war beeindruckt. Und ich hatte Angst. Denn als Nächste war ich dran.

Dummerweise hatte ich angekündigt, ein kleines Chanson vorzutragen, »Je t'aime moi non plus« von Serge Gainsbourg, das ich weder selbst umgedichtet noch gut vorbereitet hatte, und mein Kostüm beschränkte sich auf eine Blume im Haar. Wer hätte denn ahnen können, dass ich unter lauter Profis auftrete. Betreten ergriff ich das Mikrofon, und während ich hineinstöhnte, wünschte ich, ich wäre sehr, sehr weit weg.

Ich rannte von der Bühne. Freundlicher Applaus begleitete mich. »Süß, das klingt immer so niedlich, dieses Französisch«, bedankte sich die Braut. Ich entschwand Richtung Bar. Tag eins der Hochzeit hatte nicht eben gut für mich begonnen.

Am nächsten Tag zerrte Martin wenig liebevoll an meinem Nachthemd. »Los, aufstehen, wir müssen zur Kirche.« Was war das bloß für eine Unsitte, so früh morgens zu heiraten? In Frankreich begann der Gottesdienst nachmittags, so dass man genügend

Zeit hatte, auszuschlafen und sich dann ganz in Ruhe fertigzumachen. Doch es blieb keine Zeit zum Quengeln. Schnell schlüpfte ich in mein Kleid und steckte die Haarbürste in die Handtasche. Gerade noch rechtzeitig vor dem Brautpaar trudelten wir in der Kirche ein.

»Hab ich einen Hunger«, flüsterte ich Tamara hinter dem Gesangbuch zu. »Gleich gibt's was«, grinste sie zurück. Im Geiste sah ich schon die kleinen Petits Fours vor mir, und allein bei der Vorstellung von Häppchen mit Foie Gras, Lachs und Quiche lief mir das Wasser im Mund zusammen. Dazu noch ein Glas Champagner. Parfait, träumte ich mit geschlossenen Augen.

Die Ernüchterung war groß. Es gab Prosecco und kleine Bratwürstchen auf Porzellantellern. Wie barbarisch! »Edel-Fastfood ist gerade der neueste Schrei«, meinte Martin. Aber trotzdem nichts Richtiges zu essen, dachte ich.

All die Gedanken, die sie sich nicht über das Menü machen, schienen sie in die Garderobe zu stecken. Ich hatte das gleiche Kleid angezogen wie zur Kirche und war damit allein auf weiter Flur. »Sie schauen mich an, als sei ich ein armes Mädchen«, zischte ich Martin zu. »Hast du schon geguckt, wo du sitzt?«, fragte er. Auch das noch. Jetzt musste ich auch noch neben einem Fremden am Tisch sitzen! Ich hatte schon einmal gemerkt, dass man in Deutschland die Paare bei Einladungen zum Essen nie nebeneinandersitzen lässt. Als ich Ophélie davon erzählte, hatte sie wie immer sofort eine Erklärung parat: »Das ist doch klar. In Frankreich könnte man Paare nicht auseinanderreißen, weil sie sofort anfangen würden, mit ihren Nachbarn zu flirten. Die Fremdgehgefahr ist bei uns einfach zu hoch.«

Bei meinem Tischherrn bestand diesbezüglich jedenfalls keine Gefahr. So pflichtbewusst er mir auch jedes Mal mein Glas nachschenkte, so wenig spritzig war er im Gespräch. Als er erfuhr, dass ich Journalistin bin, verwickelte er mich sogleich in eine wirtschaftspolitische Diskussion und überhäufte mich mit allerlei Wahlprognosen für mittelgroße Bundesländer. Ich war froh, als das Dessert gebracht wurde.

Erst als wir uns durch den Eröffnungswalzer gequält hatten und die wahre Musik loslegte, kippte die Stimmung. Der Bräutigam schleuderte seine Smokingjacke beiseite, die Braut machte dasselbe mit ihren Schuhen, und zu dem Zeitpunkt, als sie den Brautstrauß hinter sich warf, waren alle ledigen Frauen bereits zu betrunken, um ihn aufzufangen.

Komisch, da quälen sie sich stundenlang durch mühsame Konventionen, um am Ende durchzudrehen. Typisch deutsch, erst die Arbeit, dann das Vergnügen.

Tatort oder Die Einsamkeit
am Sonntagabend

Ich hasse Sonntage. Das hängt nicht vom Wetter ab, liegt nicht an den geschlossenen Geschäften und hat nichts mit dem bevorstehenden Montag zu tun. Ich hasse Sonntage auch nicht von morgens an. Ich hasse sie genau ab 20:15 Uhr. Sonntag ist Tatortzeit.

»Was machen wir heute Abend? Wollen wir etwas essen gehen?«; fragte ich meinen Freund Martin an einem meiner ersten Sonntage in Berlin. »Geht nicht. Tatort« war seine knappe Antwort. Ich war geschockt. *Quoi? Il se fout de moi!* Er versetzte mich wegen einer Fernsehserie? Ich machte ihm eine ordentliche Szene. Martin wehrte sich nur halbherzig und schielte dabei unentwegt zum Fernseher hinüber. Bei der Tagesschau kam gerade die Wettervorhersage. Ich knallte die Tür hinter mir zu.

Die Straßen waren menschenleer. Hinter den Fenstern schimmerte bläuliches Licht. Ich kam an meinem Lieblingscafé vorbei, auf der Tafel neben der Tür stand mit Kreide geschrieben »Heute Tatort-Abend«. Ich lugte durch das Fenster. Drinnen saßen ungefähr zehn Leute und guckten auf einen großen Flachbildschirm. Ich rief meine Freundin Silke an.

»Was machst du, kann ich dich besuchen?«, fragte ich. »Klar, komm vorbei, wir gucken gerade Tatort«, sagte sie. Langsam machte mich die Sache neugierig. Was war an dieser Serie bloß dran, für die alle Deutschen ihren Sonntagabend reservieren?

Silke wohnt bloß ein paar Straßen weiter. Der Türsummer brummte, und ich ging ins Hinterhaus, hinauf in den vierten Stock (ich werde nie darüber hinwegkommen, dass es im Ostteil der Stadt keine Fahrstühle gibt). Die Wohnungstür stand offen. »Hat schon angefangen, komm schnell rein«, rief Silke. Sie saß auf dem Sofa neben ihrem Freund, und auch Tamara war da und fläzte sich in einem Sessel. Auf einem kleinen Tisch standen Teller mit Käse- und Wurstbroten, die in kleine Quadrate geschnitten waren. »Nimm dir ein Bier«, sagte Silkes Freund. »Pssst!«, rief Tamara. Ich setzte mich und starrte auf den Fernseher, der klein und wacklig auf einer Apfelsinenkiste stand.

An diesem Abend habe ich viel gelernt, was nachhaltig zu meiner Integration beigetragen hat:

1. Die Frage ist nicht, ob, sondern WELCHER Tatort läuft.
2. Sein Lieblingsermittlerpaar gilt es unter allen Umständen zu verteidigen.
3. Wenn man den Assistenten nicht versteht, hängt das damit zusammen, dass er Dialekt spricht.

---

4. Die Anfangsmusik ist uralt und heilig und nicht zu kritisieren.
5. Alles, was den Ablauf betrifft, ist uralt und heilig und nicht zu kritisieren
6. Das Tatortritual wird über Generationen weitervererbt (schon die Mutter bügelte beim Tatort).
7. Am Montag lautet die erste Frage: Und wie fandest du gestern den Tatort?

Seither habe ich ein paar Tatorte gesehen. Ich habe mich wirklich bemüht, aber ein richtiger Fan bin ich nicht geworden. Die Plots sind entweder sterbenslangweilig oder hochkompliziert, die Landschaft der Provinz nicht immer eine Augenweide und die Schauspieler sehen auch nicht gerade umwerfend aus. Doch ich habe eingesehen, dass es daran nichts zu rütteln gibt. Sonntag ist Tatort.

»Weißt du, Tatort ist auch ein bisschen Heimat für uns. Den gab es schon immer. Und eine Leiche am Sonntagabend – das hat auch etwas Beruhigendes«, sagte meine Freundin Silke. Hatte Derrick es nicht auch um die ganze Welt geschafft?

Aber wieso? Liegt es daran, dass die deutschen Kommissare so gründlich zu Werke gehen und am Ende immer die Gerechtigkeit siegt? Während die Gendarme in Frankreich entweder Supermachos oder Witzfiguren sind, die sich um das Gesetz herumwinden? Ist das Tatort-Gucken ein Ausdruck des deutschen Staatsvertrauens? Die Ausdauer, mit der sie hier einer Serie die Treue halten, begann mich

langsam zu rühren. In Frankreich haben die Krimi-
serien eine Dauer von höchstens fünfzehn Jahren.

Seither hasse ich Sonntage nicht mehr ganz so sehr.
Neulich bin ich mit Martin sogar an einem Sonntagabend ausgegangen. Es kam »Polizeiruf 110«.

Steuerwahnsinn

Wenn meine Kollegen an ihren Schreibtischen zu stöhnen beginnen, weiß ich, es ist wieder so weit. Wir sitzen in unserem Journalisten-Fotografen-Maler-Gemeinschaftsatelier, aber heute sind nur die Schreiber übrig. Darunter Thorsten, mein ehemaliger Mitbewohner und guter Freund, der mit seinem Kopf auf der Schreibtischplatte liegt. »Oh Gott, ich muss noch meine Steuer machen«, jammert er und sieht dabei aus, als ginge es geradewegs zum Schafott. Ein bisschen ist das auch so.

Die Steuererklärung ist ein Fluch für jeden deutschen Bürger. Und gerade die Selbständigen trifft es besonders hart. »Kennst du einen guten Steuerberater?« – »Ich hab mir ein super Steuerprogramm runtergeladen – wenn du willst, kann ich's dir ausleihen.« Die Anteilnahme unter den Leidtragenden ist groß. Doch am Ende muss jeder seinen eigenen Ordner tragen.

Thorstens war voller Gebührenquittungen, Kassenbons und alten Fahrkarten. Mit zerknirschtem Gesicht versuchte er, Ordnung in den Papierberg zu bringen, der sich ein Jahr lang bei ihm angesammelt hat.

Wie ein riesiges Puzzle breitete er die Fetzen auf unserem Büroboden aus und murmelte dabei die Monatsnamen vor sich hin. Als das Bild komplett war, rief er seinen Steuerberater an und gab den Papierberg an ihn weiter.

»Warum nimmst du die Hilfe eines Spezialisten in Anspruch, bloß um eine Bürgerpflicht zu erfüllen? Das ist ja, als bräuchte man einen Berater, um wählen zu gehen«, fragte ich.

»Nur ein Experte kann aus diesen verfluchten Papieren das Beste herausholen. Und sogar die verlieren manchmal den Überblick«, erklärte Thorsten. Dann begann er von Ausnahmen und Erweiterungen und Sonderregelungen im deutschen Steuerrecht zu dozieren. »Als Selbständiger muss man zum Beispiel darauf achten, auf Reisen zusätzlich zu den Fahrtkosten auch den Verpflegungsmehraufwand zu ermitteln, ebenso wie es bei Geräten, die älter als drei Jahre sind, die AfA, die Absetzung für Abnutzung oder Substanzverringerung, zu beachten gilt. Es sei denn, es handelt sich nur um GWG, geringwertige Wirtschaftsgüter.« Das war doch verrückt! »Lass uns einen Aperitif nehmen«, schlug ich stattdessen vor. Doch da hatte Thorsten gerade seinen Steuerberater erreicht.

Die Deutschen reden ständig über Steuern. In den Tageszeitungen, im Fernsehen, am Küchentisch – die Steuer ist zu jedem Zeitpunkt ein beliebtes Konversationsthema.

Über das französische Steuersystem muss man zum Glück nicht viel reden. Zumindest, wenn man nicht mehrere Immobilien besitzt, Anwalt oder Arzt ist. Es genügt, im Vordruck der Steuererklärung das Nettojahreseinkommen einzutragen. Am Ende des Jahres kriegt man zwar in der Regel nichts zurück, aber man zahlt auch weniger Steuern in Frankreich.

Als ich Thorsten erzählte, wie einfach das bei uns läuft, sah er mich an wie ein geprügelter Hund. »Ihr Franzosen, sogar eure Steuererklärung wisst ihr zu genießen.«

Gästetoiletten oder
die Abwesenheit der Scham

Tamara hatte eine neue Wohnung gefunden und war sehr stolz darauf. »Sie hat hohe Decken, Stuck, eine Küche im alten Stil und sogar eine Gästetoilette.« Beim letzten Wort zuckte ich zusammen. Was ist so schick daran, wenn die Toilette vom Badezimmer getrennt ist?

Ein paar Monate später verstand ich, warum meine Freundin dieses Detail so lobend hervorgehoben hatte. In Deutschland befinden sich die Toiletten meistens im Badezimmer. Nur große Wohnungen oder Häuser verfügen neben dem Badezimmer mit integrierter Toilette über einen Extraraum mit Gästetoilette, meist neben der Eingangstür.

Anders in Frankreich. Dort ist es, außer in kleinen Apartments, üblich, dass Toiletten und Badezimmer separiert sind. Offenbar trennen französische Architekten diese beiden Tätigkeiten gern voneinander. Man könnte also fast geneigt sein, zu glauben, die Franzosen fürchten sich vor Bakterien. Da sie aber eher für eine zweifelhafte Hygiene bekannt sind, kann man diese Hypothese ausschließen. Tatsächlich haben meine Landsleute das Badezimmer zu einem Ort auserkoren, der einzig und allein dem Körperkult vorbehalten ist, und das möglichst umgeben von angenehmen Düften, was gewisse Körpergeräusche und -gerüche automatisch ausschließt.

In der Badezimmerfrage sind die Deutschen pragmatischer. Alle Sanitärinstallationen sind im selben Raum untergebracht, man verbindet sozusagen das Nützliche mit dem Angenehmen. Eine Einrichtung, die zuweilen jede Scham vertreibt. Als ich einmal eine Freundin besuchte, hatte ich eine Wimper im Auge und ging ins Bad. Ich näherte mein Gesicht gerade dem Spiegel, da hörte ich, dass sie hereinkam und sich auf der Kloschüssel niederließ, um sich zu erleichtern. Starr vor Schreck blieb ich vorm Spiegel stehen und wusste nicht, ob ich sie ansehen sollte, schließlich sprach sie ja mit mir, oder ob es besser war, sofort zu verschwinden. Soweit ich mich erinnern kann, hat noch nie eine meiner französischen Freundinnen eine derartige Situation provoziert. Ich beschloss, weiter in den Spiegel zu blicken und die Konversation so natürlich wie möglich fortzusetzen.

»Äh ... ja ... die Woche war ziemlich hart ... ich musste neben dem Job für die Zeitung noch eine Debatte vorbereiten.«

»Ich hab die Woche kaum was gemacht, mein Chef war nicht da und ich hab einfach nur rumgehangen.«

Bei diesen Worten gähnte sie, stand auf und drückte auf die Klospülung.

Die Szene wiederholte sich bei einem Wochenende

in Mecklenburg-Vorpommern. Mein Freund und ich hatten mit drei anderen Paaren ein kleines Haus gemietet, und wir teilten uns ein einziges Badezimmer. Alle Mädchen, und selbst die, die ich nicht so gut kannte, hatten keinerlei Hemmungen, in meiner Gegenwart auf die Toilette zu gehen. Als ich mich bei Martin darüber beschwerte, machte er sich über mich lustig.

»Wo ist das Problem? Soweit ich weiß, hast du keine körperlichen Missbildungen. Ihr seid doch unter Mädchen. Es wäre was anderes, wenn ein Mann aufs Klo gegangen wäre, während du unter der Dusche stehst.«

»So weit kommt es noch!«, entgegnete ich empört.

Nach diesem Wochenende rief ich sofort meine Freundin Ophélie in Paris an, um ihr alles zu erzählen. Die konnte wenigstens darüber lachen: »O, là là, dass die biederen Deutschen so weit gehen, hätte ich nicht gedacht!«

Geiz ist gar nicht gut

Neulich stieß ich auf eine erstaunliche Meldung: Fünfzehn Verletzte bei der Eröffnung eines Elektrohandels in Berlin. Tausende von Kunden, die für ein Schnäppchen zu allem bereit waren, hatten ohne mit der Wimper zu zucken alles umgerannt, was sich ihnen in den Weg stellte. Auch ihre menschlichen Konkurrenten. Als ich am nächsten Tag die Bilder von der Panik zwischen den Regalen sah, glaubte ich in einem Entwicklungsland gelandet zu sein, wo man einer ausgehungerten Meute gerade einen Sack Reis vor die Füße geworfen hatte.

Aber es kam noch schlimmer.

Ich war mit Martin mal wieder zum Essen bei seinem Italiener verabredet. Den er nicht nur wegen der guten Pasta, sondern auch wegen der riesigen Portionen liebt (die in etwa drei französischen Gängen entsprechen).

An jenem Tag war ich so erschöpft von der Arbeit, dass ich von meinem Krabbenrisotto nur ein paar Bissen hinunterbekam. Ich legte das Besteck zusammen und schob den Teller von mir.

»Wir bitten sie einfach, dir den Rest einzupacken«, schlug Martin mir vor.

»Was? Das geht doch nicht!«

So etwas hatte ich in einem Restaurant in Frankreich noch nie gesehen, und mein Instinkt sagte mir, dass man eine solche Bitte dort als stillos empfunden hätte. Mal abgesehen davon, dass es nicht mehr dasselbe ist, ein Restaurantgericht in heimischer Atmosphäre zu verspeisen. Martin sah mich verständnislos an.

»Da ist doch nichts dabei, das machen hier alle.«

»Das ist mir egal. Es ist mir peinlich, um so etwas zu bitten.«

»Aber es ist wirklich kein Problem, glaub mir.«

In dem Moment kam der Kellner und sah auf meinen noch fast vollen Teller.

»Hat es Ihnen nicht geschmeckt?«

»Äh … doch, aber ich hab nicht so viel Hunger«, stammelte ich.

Martin fiel mir ins Wort und bat den Kellner, uns das restliche Risotto einzupacken. Ich wurde feuerrot.

»Kein Problem«, sagte der Kellner, als hätten wir ein Dessert bestellt.

Zwei Minuten später stellte er die Plastiktüte mit meinem eingepackten Essen auf den Tisch und sagte: »Danke und schönen Abend noch!«

»Das hätten wir uns sparen können, ich werde mir das morgen bestimmt nicht wieder aufwärmen«, erklärte ich meinem Freund auf dem Nachhauseweg. »Das ist doch absurd, die Reste eines Essens mit nach Hause zu nehmen, das man im Restaurant bestellt hat.«

»Pech für dich, dann esse ich es eben morgen Abend«, entgegnete Martin völlig unbeeindruckt. Was war bloß los mit ihm? Warum war er so scharf auf das Risotto? Bekam er etwa nicht genug zu essen?

Erst ein paar Tage später klärte sich das Rätsel auf. Als wir zu Hause beim Abendessen saßen, erzählte mir Martin, dass er als Kind erst dann vom Tisch aufstehen durfte, wenn er seinen Teller leer gegessen hatte. Und dass seine Eltern, die nicht schlecht verdienten, noch heute Treuepunkte sammeln und beim Discounter einkaufen.

»Sie haben mir immer wieder eingebläut, dass sie Geld beiseitelegen müssten, damit wir später studieren können und für den Fall, dass mal unvorhergesehene Ausgaben auf uns zukämen.«

Nun verstand ich.

»Geiz ist geil«, »Ich bin doch nicht blöd« – kein Wunder, dass sich in der deutschen Werbung alles um den Preis dreht. Die großen Konzerne wissen eben genau, wie man die Sparsamkeit der Deutschen ausbeutet.

Mich lassen solche Slogans völlig kalt. Mein Bankberater würde sich bestimmt freuen, wenn ich bei Aldi oder Lidl einkaufte, aber ich kann mich einfach nicht dazu überwinden.

Die Präsentation der Waren in den Kartons, das Neonlicht, die begrenzte Auswahl an Produkten und der traurige Anblick des Obsts und Gemüses deprimieren mich. Produkte dieser Art aus Supermärkten können einen vielleicht ernähren, doch sie machen einem keinen Appetit. Die Leute kommen mit erleichtertem Gewissen heraus, weil sie gespart haben, aber sie haben nichts zum Abendessen eingekauft, worauf sie sich freuen können.

Wenn ich Lust habe, ein gutes Essen zu kochen, gehört ein sinnlicher Einkauf dazu. Ich laufe gerne an ästhetisch angeordneten Gänsekeulen und hübsch inszenierten Obstbergen vorbei. Wenn ich nicht genug im Portemonnaie habe, werden die Portionen auf den Tellern kleiner, aber niemals würde ich bei der Qualität sparen.

In Deutschland zählt die Masse. Nicht zufällig sind die Deutschen begeisterte Anhänger des »All inclusive«. Ein Konzept, dass in Frankreich relativ unterentwickelt ist. Hier ist es ein Erfolgsgarant.

In meinen ersten Monaten in Deutschland nahm mich Tamara an einem Sonntag zum Brunch mit. Ich fand die Idee ganz originell, aber als ich mich an einer wartenden Menschentraube vorbei ins Café drängelte, sah ich, dass wir nicht die Einzigen waren. Tamara hatte sich schon an einen Tisch gequetscht. »Hab ich einen Hunger«, rief sie aus und bestellte, ehe ich meinen Mantel abgelegt hatte, »zweimal das große Buffet«. Dann sprang sie auf und lief zu einem Tisch am Fenster, auf dem Schüsseln mit Marmelade, in Wasser schwimmende Butterstückchen und drei Körbe mit Brötchen standen. Sie schaute hinter sich. »Los, komm, sonst verpassen wir das Rührei.«

Angesteckt von der ausbrechenden Hektik am Tisch stürzte auch ich mich auf das Buffet, als hätte ich zuvor tagelang nichts gegessen. Doch auf Dauer lag mir die Mischung aus Milchkaffee, Marmeladenbrötchen, überbackenem Nudelauflauf und Schokoladentorte ziemlich schwer im Magen. Seitdem esse ich morgens wieder in aller Ruhe mein Croissant zum Café au Lait. Wenn man noch Marmelade und Butter dazunimmt, gibt es das »französische Frühstück« sogar zum Spezialpreis.

Natürlichkeit um jeden Preis

Auf seinen Körper zu hören und sich auf die Natur zu besinnen sind Tugenden, bei denen man jenseits des Rheins keinen Spaß versteht. Diese Erfahrung machte ich bei meinem ersten Arztbesuch in Berlin. Ich hatte eine Bronchitis und ging davon aus, dass der Arzt mich schnell wieder auf die Beine bringen würde. Doch nachdem er kurz meine Nase und meinen Hals untersucht hatte, holte er ein kleines Röhrchen mit einem rosa Granulat aus der Schublade. Er wollte mich mit homöopathischen Medikamenten behandeln! Ich traute meinen Augen nicht. Ich versuchte, ihn umzustimmen.

»Wollen Sie mir nicht lieber ein Antibiotikum verschreiben? Normalerweise nehme ich bei so was Clamoxyl.«

Er sah mich verdutzt an.

»Das ist aber ein sehr starkes Medikament, mit nicht zu unterschätzenden Nebenwirkungen, so etwas nimmt man nicht bei jeder Kleinigkeit.«

Sein Tonfall verbat sich jeden weiteren Versuch.

»Ich würde Ihnen raten, dieses Medikament hier zu

nehmen und sich drei Tage Ruhe zu gönnen«, sagte er, um das Gespräch zu beenden.

Mein Freund würde sich ins Fäustchen lachen, wenn ich ihm das erzählte. Seit zwei Tagen hatte er auf mich eingeredet, damit ich aufhörte zu arbeiten und Tee trank, während ich versuchte, mit einem alten Vorrat an Antibiotika alles so schnell wie möglich hinter mich zu bringen. Klar, ich musste ja nur in meinem Bett liegen bleiben, dann würde der Virus sich bestimmt von allein verziehen. Vielleicht sollte ich noch eine Duftkerze anzünden und Zen-Musik auflegen, wie die, die ich im Wartezimmer des Arztes gehört habe.

»Das sind ja Methoden wie vor hundert Jahren, bevor man das Penizillin entdeckt hat«, sagte ich gereizt zu meinem Freund.

»Red keinen Unsinn, das ist alles eine Frage des gesunden Menschenverstands. Und übertreib nicht so, immerhin hat er dir homöopathische Medikamente verschrieben.«

Zur Antwort verzog ich schmollend das Gesicht.

Es ist erstaunlich, dass ein Volk, das in der ganzen Welt für seine technischen Errungenschaften berühmt ist, blind auf Heilmethoden vertraut, die für mich an Scharlatanerie grenzen.

Silke hat mir eines Tages mit einem gewissen Stolz anvertraut, dass sie noch nie ein Antibiotikum genommen hat. Ich muss ihr schrecklich leidgetan haben, als ich zugab, Antibiotika seit meinem ersten Lebensjahr zu nehmen.

In Paris bekam ich von meinem Hausarzt so ziemlich alles, was ich wollte. Ich brauchte nur ein bisschen zu jammern, schon war er bereit, schwere Geschütze aufzufahren.

»Ich schlafe seit ein paar Wochen so schlecht, können Sie mir keine Schlaftabletten verschreiben?«

Mein Arzt sprang sofort darauf an. Irgendwann hatte ich mir angewöhnt, immer eine kleine Notapotheke in meiner Handtasche mit mir zu führen: Angstlöser im Fall von Stress, Schlaftabletten für schlaflose Nächte und Allergietabletten bei Heuschnupfen. Mehr als alles andere gab mir das Sicherheit. Und ich war lange nicht der hoffnungsloseste Fall. Ophélie aß beim kleinsten Wehwehchen Tabletten wie Bonbons.

Nicht zufällig führen die Franzosen immer wieder die Hitliste der Länder mit dem höchsten Medikamenten- und Psychopharmakakonsum in Europa an.

Als gute Cartesianer schwören wir einzig und allein auf Wissenschaft und Fortschritt. Einem Unwohlsein oder einem Krankheitskeim kann man nur mit Antibiotika, Antiallergika und Antidepressiva zu Leibe rücken. Auf irgendwelche Hausmittelchen aus der Zeit unserer Großmütter und auf die Heilkräfte der verrinnenden Zeit zu vertrauen erscheint uns wie eine Beleidigung der Moderne.

Aber es ist auch eine Frage der Bequemlichkeit. Warum sollte man eine Woche im Bett bleiben, wenn man dank dieser Wunderpillen in weniger als drei Tagen wieder fit sein kann?

Misstrauisch machen mich auch diese »total gesunden« Methoden, die meine deutschen Freunde
mir dauernd aufquatschen wollen, die in der Praxis
jedoch oft wenig erfreulich sind. Allen voran diese
Manie, mitten im Winter bei geöffnetem Fenster zu
schlafen.

»Das ist sehr gesund«, wird Martin nicht müde zu
wiederholen. Nur dass man morgens mit gefrorener
Nase wach wird und sich fühlt, als hätte man im Iglu
übernachtet. Außerdem hält mein Organismus das
nicht aus, ich werde regelmäßig krank. Für mich geht
nichts über ein mollig warmes Schlafzimmer im Winter, mit geschlossenem Fenster, versteht sich. Ich wei-
gere mich auch, morgens zum Schluss kalt zu duschen.
Da kann man mir noch so oft erzählen, wie gut das
für die Haut ist und dass es das Immunsystem stärkt,
für mich ist das der reinste Horror.

Geradezu grotesk ist manchmal der Kampf man-
cher Deutscher gegen nasse Badekleidung.

»Zieh das aus, du holst dir noch eine Erkältung«,
befehlen viele Mütter ihren Kindern nach dem Baden. Dann müssen die Kleinen einen trockenen Badeanzug anziehen oder sich sogar vollständig an-
kleiden. Eine Prozedur, der viele Erwachsene sich
selbst aus freien Stücken beugen. Ich musste mich
schon einmal gegen diesen Wahn wehren, als ich mit
vierzehn Jahren Urlaub in Bayern machte. Meine
Gastfamilie hatte mich eines Nachmittags mit zu
einem See genommen. Als ich aus dem Wasser kam,
riet die Mutter meiner Brieffreundin mir, meinen

Badeanzug auszuziehen und mich so schnell wie möglich abzutrocknen.

»Deine Mutter soll dich ja nicht krank zurückbekommen«, argumentierte sie.

»Es würde ihr bestimmt auch nicht gefallen, wenn ich meinen Badeanzug ausziehe«, gab ich zurück.

Sie sah mich fassungslos an, verzichtete dann aber darauf, mich umzustimmen.

Ich hätte das Schamgefühl einer Heranwachsenden vorschieben können. Doch in Wirklichkeit wollte ich um nichts in der Welt auf das Vergnügen verzichten, mich mit meinem nassen Badeanzug zum Trocknen in die Sonne zu legen. In Frankreich käme niemand auf die Idee, aus gesundheitlichen Gründen seinen Badeanzug auszuziehen, es sei denn, man wäre verrückt genug, bei schlechtem Wetter und in kaltem Wasser schwimmen zu gehen.

Besonders auffällig ist das deutsche Bedürfnis nach Natürlichkeit, wenn ein Kind zur Welt kommt. Fast zwanghaft entscheiden sich viele Frauen dafür, unter möglichst natürlichen Bedingungen zu gebären und vor allem auf die PDA zu verzichten, die in Frankreich zum Standard gehört. Einige deutsche Mütter entbinden sogar mit Hilfe einer Hebamme in den eigenen vier Wänden. Und dann wird den Müttern auch noch geraten, ihren Säugling nicht häufiger als einmal die Woche zu baden, um der zarten Haut nicht zu schaden. In französischen Krankenhäusern rät man zum täglichen Bad.

Und Stillen ist hierzulande natürlich Pflicht. Entscheidet man sich dagegen, wird man schnell als »Rabenmutter« abgestempelt. Die Cafés in Prenzlauer Berg sind voll von Müttern, die bei einem Teller Spaghetti bolognese ihre Kinder zum Stillen an die Brust legen. Wenn die Kleinen nicht schon von selber angelaufen kommen. Was hier das Normalste der Welt zu sein scheint, versetzt jeden frisch in Berlin eingetroffenen Franzosen in Erstaunen.

In Frankreich ist und bleibt der Busen in erster Linie ein erotisches Objekt. Und für die Babys gibt es ja auch Milchpulver. Aber das sollte ich meinen deutschen Natürlichkeitsfreunden lieber gar nicht erst vorschlagen.

»Willst du Kinder?« –
Eine Hochrisiko-Entscheidung

Sobald ich ein Jahr alt war, brachte meine Mutter mich vier Tage die Woche von acht Uhr morgens bis vier Uhr nachmittags in eine Kindertagesstätte. Manchmal, wenn sie nach der Arbeit noch einkaufen musste, kam sie mich auch eine Stunde später abholen.

Als ich das meinen Berliner Freundinnen erzählte, war das Mitleid groß. »Und wie bist du damit zurechtgekommen?«, fragte mich Nina, Mutter einer kleinen Luisa, in einem Ton, als müsse meine Kindheit ein furchtbares Trauma gewesen sein.

Darüber konnte ich nur lachen. Zunächst einmal war ich damals viel zu klein gewesen, als dass ich mich an irgendetwas hätte erinnern können. Und soweit meine Mutter mir erzählte, habe ich mich jeden Morgen darauf gefreut, mit den anderen Kindern zu spielen. Überhaupt würde eine solche Frage in Frankreich niemandem in den Sinn kommen. Meine Mutter hat einfach nur das getan, was alle Frauen tun.

Darf man sein Kind vor dem dritten Lebensjahr in fremde Hände geben? – Mit dieser Frage löst man in

Westdeutschland eine ebenso leidenschaftliche wie endlose Diskussion aus. Und die ebenso häufig gestellte Frage »Willst du Kinder?« taucht unausweichlich auf, sobald man auf das Thema Familie zu sprechen kommt – was wiederum viel über das Bild aussagt, das man hierzulande von Kindern hat. Man will wissen, ob jemand bereit ist, das Risiko auf sich zu nehmen, sein Leben komplett umzukrempeln – denn diese schrecklichen kleinen Monster werden es einem unweigerlich stehlen, sobald sie auf der Welt sind.

Das Thema scheint das Land in zwei verfeindete Lager zu spalten: die, die auf Nachwuchs verzichten, um ihr Glück zu zweit nicht zu gefährden, und jene, die sich ein Leben ohne Familie nicht vorstellen können.

Die erste Fraktion erzählt von individuellem Erfolg und Persönlichkeitsentfaltung und hinterlässt damit den faden Nachgeschmack eines Lebens ohne Kompromisse, das sich nur um sie selbst dreht. Die zweite nervt mit ihren Geschichten von Entbindungen, Milchpumpen und Kinderpsychologie. Die einen scheinen nur für sich selbst zu leben, die anderen nur für ihre Kinder.

Was unterschwellig in der Kinderfrage mitklingt, versteht man besser, wenn man diese »kindgerechte« Welt einmal näher betrachtet. Die deutsche Kultur fordert von der Welt der Erwachsenen tendenziell, sich völlig und kompromisslos der Welt der Kinder unterzuordnen. »Weißt du, meine Tochter bestimmt mittlerweile meinen Rhythmus, sie entscheidet darüber, ob wir ausgehen oder nicht«, erklärt eine junge Mutter in meinem Bekanntenkreis fast schon stolz. Dieses Konzept birgt eine Reihe von Verpflichtungen. So muss man nach der Geburt so lange wie möglich mit dem Kind zu Hause bleiben, um nicht zu zerstören, was die Deutschen »Urvertrauen« nennen. »Meine Frau ist ein Jahr zu Hause geblieben, um unserem Kind Urvertrauen zu geben«, erklärte mir eines Tages ein Politikwissenschaftler eindringlich.

Einen solchen Begriff habe ich in Frankreich nie gehört. Als ich Ophélie das nächste Mal in Paris zum Aperitif traf, erzählte ich ihr, dass die Deutschen ihren Babys ungeteilte Aufmerksamkeit schenken, um das »Urvertrauen« nicht zu zerstören. Fast hätte sie die Olive, die in ihrem Martini schwamm, verschluckt. »Sag mal, hast du schon vorher was getrunken? Das klingt ja wie aus einem Esoterikbuch.«

Tatsache ist, dass viele junge Mütter aus meinem Bekanntenkreis diese Art der Esoterik sehr ernst zu nehmen scheinen. Wenn ihre Kinder auch nur zum Schreien ansetzten, mussten wir die Unterhaltung sofort unterbrechen. Die Mutter allein zu treffen war fast unmöglich.

Wenn es gelang, war es nicht unbedingt ein Vergnügen. Nach einem Jahr hatte ich es endlich geschafft, eine deutsche Freundin, Mutter eines einjährigen Sohns, zu einem freien Abend zu überreden. Ihr Mann war zu Hause geblieben (sie weigerte sich noch immer, einen Babysitter zu nehmen), und sie ließ sich, wenn auch mit leichtem Widerstreben, darauf ein, mit mir ins Theater zu gehen. Keine zehn Minuten nachdem der Vorhang sich gehoben hatte, rannte sie hinaus, um ans Handy zu gehen, weil sie dachte, ihr Mann wäre am Telefon.

»Das war meine Mutter«, flüsterte sie mir beinah enttäuscht zu, als sie zurückkam. Ich nickte ihr zu und schaute nach vorne. Dort stand Hamlet gerade am Grab seines Vaters. Meine Freundin tippte schnell eine SMS. »Ich frag meinen Mann mal, ob alles in Ordnung ist«, raunte sie mir ins Ohr. Keine dreißig Sekunden später vibrierte ihr Handy, und sie stürzte nach draußen. Meine Nachbarin begann vorwurfsvoll zu hüsteln. Als sie eine Viertelstunde später zurückkam, um mir erleichtert zu erzählen, dass ihr Kleiner tief und fest schlief, sagte meine Nachbarin gereizt: »Wissen Sie eigentlich, wo Sie hier sind? Entweder hören Sie auf, alle zu stören, oder Sie verlassen den Saal.« Meine Freundin war überrascht und nickte nur. Die Ermahnung saß. Bis zum Ende des Stückes blieb sie sitzen und begnügte sich damit, weiterhin SMS mit ihrem Mann hin und her zu schicken.

Ich schwor mir, sie erst wieder ins Theater mitzunehmen, wenn ihr Sohn zehn war.

In Frankreich fragt man nicht, *ob* jemand Kinder will, sondern *wie viele*. Natürlich gibt es auch hier Leute, die zögern oder ganz auf Nachwuchs verzichten, aber generell nähert man sich dem Kinderwunsch mit mehr Selbstverständlichkeit und Humor. Kinder sind ebenso Teil wichtiger Lebensabschnitte wie das Studium oder die berufliche Karriere. Sie sind nicht wichtiger, aber auch nicht unwichtiger als alles andere. Und vor allem wirft niemand einen Stein auf all die jungen Mütter, die wieder arbeiten gehen, wenn ihre Kinder erst drei oder vier Monate alt sind. Im Gegenteil, man geht davon aus, dass eine frühe Sozialisierung das Kind besser auf das Leben vorbereitet. Gleichzeitig gehört es zum guten Ton, eine gewisse Unabhängigkeit von seinem Kind zu wahren, auch in konservativeren Kreisen. Eine Frau, die sich rund um die Uhr um ihr Kind kümmert und einen Babysitter ablehnt, wird oft zur Zielscheibe des Spotts. »Sie ist ein bisschen zu abhängig von ihrem Kind«, flüstert man hinter ihrem Rücken. Sicher ist auch das ein Grund dafür, dass viele Französinnen schnell abstillen, um so bald wie möglich aus dieser symbiotischen Beziehung auszubrechen.

Und wenn man seinem aufsässigen kleinen Schreihals einen Klaps auf den Po gibt, wird man noch lange nicht als Verbrecher hingestellt. Natürlich wird einem auch hier geraten, das Kind durch andere Mittel zur Vernunft und zum Gehorsam zu bringen, aber ein solcher Kontrollverlust wird einem verziehen.

Es überrascht also nicht, dass die Französinnen, die in Deutschland leben, sich eher in der Familienkultur der ehemaligen DDR wiederfinden. Dort haben die meisten Frauen gearbeitet und ihre Kinder ein paar Monate nach der Geburt in die Krippe gegeben. Für die jungen Frauen, die aus diesen Regionen Deutschlands kommen, ist es selbstverständlich, Beruf und Familienleben unter einen Hut zu bringen.

Die deutsche Gesellschaft, die so viel Wert auf Gleichberechtigung legt und es für überholt hält, wenn ein Mann eine Frau ins Restaurant einlädt, zeigt sich in Sachen Fortpflanzung recht konservativ. Niemand scheint sich um das Schicksal und die Bedürfnisse der Eltern und vor allem der Mutter zu kümmern. Alles dreht sich um das Kind. Man traut sich kaum, zuzugeben, dass man sich mehr Zeit für sich selbst wünscht.

Zu dieser für junge deutsche Eltern äußerst schuldgefühlfördernden Atmosphäre kommt die höchst unzureichende Betreuung für Kleinkinder, denn nur 15,5 % der Kinder unter drei Jahren erhalten einen Platz in einer Kindertagesstätte oder bei einer Tagesmutter (Statistisches Bundesamt, Kinder und Jugendhilfestatistik 2007). Im Vergleich dazu kommen in derselben Altersklasse 44 % der französischen Kinder in den Genuss einer Betreuung (Observatoire de la petite enfance 2006).

Aber auch Konflikte in der ganzen Welt scheinen in der Kinderfrage eine Rolle zu spielen. »Es gibt so viel Schlechtes und so viele Bedrohungen auf der Welt, es wäre verantwortungslos, ein Kind zu bekommen«, hört man oft aus dem Mund Kinderloser. Wie kann ein so intimes Ereignis mit den Herausforderungen der Welt kollidieren?

Den Deutschen fehlt es nicht an Argumenten für den Verzicht auf Kinder. Das Resultat liest man in den Statistiken. Mit 1,37 Kindern pro Frau im Vergleich zu 2 Kindern pro Frau in Frankreich rangiert Deutschland an einer der letzten Stellen der europäischen Geburtenstatistik. Auch ist – vor allem bei Männern – der Kinderwunsch weniger ausgeprägt als in anderen europäischen Ländern.

Glücklicherweise aber beginnt man umzudenken. In den letzten Jahren wurden mehrere Reformen in Bezug auf Familienförderung und Betreuungsmöglichkeiten für Kinder unter drei Jahren auf den Weg gebracht, um einerseits den Deutschen wieder Lust auf Kinder zu machen und andererseits das Image der Familie zu modernisieren. Sie scheinen allmählich Früchte zu tragen, denn ich treffe auch hier immer weniger Frauen, die nach der Geburt eines Kindes aufhören wollen zu arbeiten. Doch bis alle Frauen nach sechs Monaten wieder arbeiten gehen, ist es noch ein weiter Weg.

Diejenigen, die relativ kurz nach der Geburt eines Kindes ihre Berufstätigkeit wieder aufnehmen und ihr Kind den ganzen Tag in eine Kindertagesstätte bringen, ziehen immer noch vorwurfsvolle Blicke auf sich. »Aber er kann doch gerade mal sitzen«, hat man einer meiner französischen Freundinnen in Berlin gesagt, als sie angekündigt hat, dass sie sechs Monate nach der Geburt ihres Sohnes wieder in ihren Beruf zurückkehren wollte. Soll sie warten, bis er den ersten Marathon läuft?

Der kleine Fritz

In Deutschland heißen alle kleinen Jungen Fritz. Oder Friedrich. Und wenn einer auf dem Spielplatz Luise ruft, drehen sich zehn kleine Mädchen um. Die Deutschen lieben alte Namen.

»Wenn ich noch einen Jungen bekomme, nenne ich ihn Arthur«, sagte meine Super-Mutter-Freundin, mit der ich mich seit dem missglückten Theaterabend nur noch auf dem Spielplatz treffe. »So ein klassischer Name hat Bestand.«

Mir war schon aufgefallen, was für eine Bedeutung die Namensgebung in meinem Bekanntenkreis hat. In langen Studien wurden von den Eltern mehrere Optionen ausbaldowert und die Entscheidung wie ein Schatz gehütet. »Das verraten wir nicht!«, sagte eine Freundin im neunten Monat und machte ein Gesicht, als ob ich sie gerade nach der PIN ihrer Kreditkarte gefragt hätte.

»So eine Entscheidung ist doch auch sehr wichtig«, meinte Silke, »ein Name klebt schließlich ein Leben lang an dir.« Jeder Name rufe etwas in einem hervor. Heikos seien eher dumm, ein Ralf ziemlich altbacken, Inge spießig und Julia lieb. Einer Kollegin aus Ostdeutschland, die Cindy heißt, hatte man einst prophezeit, mit diesem Namen könne sie nur Leiterin des örtlichen Nagelstudios werden. Sie ist heute politische Redakteurin.

Um ihren Kindern den Weg zu ebnen, wählen auch die Franzosen möglichst alte Namen. Louis, Clément, Thomas, Jules, Gabriel oder Raphaël für die Jungen. Leonie, Bertille, Aliénor, Camille für die Mädchen.

Vielleicht halten sich die Menschen gerade in Zeiten der Krise und aus Angst vor dem sozialen Abstieg an alten Namen fest?

Auf dem Spielplatz ließ Fritz unterdessen das Schäufelchen fallen, und Friedrich fing an zu weinen. Da half auch der herrschaftlichste Name nichts.

Biowahn

»Ich hab Biomilch gekauft.« Als mir Silke mit diesen Worten eine Tasse Milchkaffee aus ihrer Küche
brachte, wusste ich nicht, was ich darauf sagen sollte.
Weder war sie Vegetarierin noch militante Tierschüt-
zerin, doch ihr Tonfall legte die Vermutung nahe, dass
sie dem Roten Kreuz gerade eine größere Spende
hatte zukommen lassen. An jenem Tag aber war nicht
nur die Milch 100 % authentisch; die Äpfel auf dem
Kuchen, der Zucker und die Marmelade kamen aus
dem Biosupermarkt in ihrer Straße. Der Kaffee war
ein Fair-Trade-Produkt. In unser Gespräch ließ sie
bestimmt zehnmal das Adjektiv »bio« einfließen.
Ihrem zufriedenen Gesichtsausdruck nach zu urteilen hatte meine Freundin gerade ihr schlechtes Gewissen als Industrienahrungskonsumentin erleichtert. Vielleicht fühlte sie sich auch einer überlegenen
Spezies zugehörig, die sich die Probleme unseres
Planeten zu Herzen nahm. Bevor ich nach Deutschland kam, hatte ich nie einen Biosupermarkt von
innen gesehen. Doch ob der Begeisterung meiner
neuen Freunde für dieses »authentische« und »um-

weltfreundliche« Universum blieb mir nichts anderes übrig, als mich mit diesen grünen Labels auseinanderzusetzen. Doch auch danach will mir die Euphorie nicht einleuchten. Für mich sehen diese Läden eher aus wie Geschäfte für Vogelfutter. Die meisten Regale sind mit Cerealien, Keksen und Körnern aller Art in allen nur denkbaren Farben, Sorten und Größen gefüllt. Ein Paradies für alle, die gern picken. Dafür fällt die Fleischabteilung ziemlich mickrig aus: Es gibt ein bisschen Hühnchen oder Pute, manchmal auch Gehacktes vom Schwein. Eine Auswahl an Innereien und anderen kulinarischen Kuriositäten wie Schnecken oder Froschschenkel sucht man jedoch vergebens. Die Botschaft ist eindeutig: Man ist hier unter Tierfreunden, Fleischfresser haben nichts zu melden. Aber selbst wenn ich plötzlich auf die Idee kommen sollte, Vegetarierin zu werden, würde ich nicht auf meine Kosten kommen. Wer sagt, dass eine biologische Konfitüre meine Geschmacksknospen mehr berührt als die von Schwartau oder Dr. Oetker? Ich habe den Test gemacht. Und ich bin mehr als je zuvor von meiner nicht pestizidfreien Konfitüre überzeugt. Ich glaube, es ist alles eine Frage der Einstellung. Entweder es geht einem um den guten Geschmack oder um ein reines Gewissen.

Zuweilen nimmt der deutsche Hang zu Bioprodukten aber auch neurotische Ausmaße an. Von der Nahrung bis zur Kleidung, von der Windel bis zum Spielzeug – alles muss Natur sein. Glücklicherweise relativiert die Realität einiges wieder.

So hatte zum Beispiel Thea, meine frühere Mitbewohnerin, die vor kurzem Mutter geworden ist, beschlossen, ihrer Tochter Stoffwindeln anzuziehen, wie unsere Großmütter es gemacht haben. »Die sind aus Biobaumwolle, das ist besser für die zarte Babyhaut, und es ist sogar billiger«, hatte sie mir stolz erklärt.

Etwas für die Umwelt tun und dabei Geld sparen, das ist die perfekte Kombination für die Deutschen, dachte ich.

Nach ein paar Wochen war sie zu Plastikwindeln zurückgekehrt. »Es war mir zu anstrengend, dauernd Windeln waschen zu müssen, und man verbraucht ja auch unheimlich viel Wasser dabei«, erklärte sie ihren Sinneswandel verlegen.

Der ökologische Lebensstil erschien mir nicht gerade sehr verlockend. Nicht nur was die Ästhetik, sondern auch was den Preis betrifft. Als ich für Theas Tochter ein Geschenk kaufen wollte, wagte ich mich auch zum ersten Mal in einen Laden mit Naturkleidung. Drinnen war alles in einem schmutzigen Weiß gestrichen, in den Holzregalen lagen Stapel schlammfarbener Bekleidungsstücke. »Der Pullover ist aus reiner Ökowolle. Die Tiere haben auf pestizidfreien und ungedüngten Weiden gegrast, und ihre Wolle wurde nicht chemisch behandelt«, versicherte mir die Verkäuferin in belehrendem Ton. Der Pullover hatte einen ausgesprochen hässlichen senfgelben Farbton.

Ich entgegnete, dass ich dieselbe Art von Pulli bei H&M gesehen hätte, wo er nur ein Drittel kostete.

Worauf sie pikiert sagte: »Aber dann müssen Sie ihn mindestens fünfmal waschen, um die ganzen Chemierückstande zu entfernen, damit das Kind keine Allergie bekommt.«

Ich bedankte mich für die Beratung und sagte, dass ich es mir noch einmal überlegen würde. Insgeheim aber dachte ich, dass diese Leute mit ihrem Ökowahn doch völlig durchgeknallt sind. Natürlich hat die grüne Welle auch vor meinem Land nicht haltgemacht. Doch der Reflex, Bioprodukte zu kaufen, ist uns Franzosen noch lange nicht in Fleisch und Blut übergegangen. Laut einer Studie konsumiert jeder vierte Franzose Bioprodukte. Bei den Deutschen sind es neunzig Prozent. In der kollektiven Vorstellung der Franzosen sind Biofans eher Verrückte, die bereit sind, auf jeden modernen Komfort zu verzichten.

Gerade im Lebensmittelbereich haben die Bioprodukte eine große Konkurrenz, denn die Etikettierung in Frankreich erlaubt dem Konsumenten schon lange, festzustellen, wie es um die Qualität eines Produktes bestellt ist, ob ein Huhn aus Freilandhaltung oder aus einer Massenproduktion kommt, wie es ernährt und in welchem Alter es geschlachtet wurde. Und viele Obst-, Gemüse- und Fleischsorten sind berühmt für ihre Qualität. Würde man in Frankreich seinen Gästen Ökoäpfel oder Biohühnchen vorsetzen, würde man wohl eher Gespött auf sich ziehen: »Was? Du glaubst an diesen Quatsch?« Lob bekommt man hingegen für exquisites Charolais-Rindfleisch oder Camembert aus Isigny.

Die beste Bürokratie
der Welt

Als ich zum dritten Mal versuchte, in Paris Kranken-
geld zu beantragen, und die französische Beamtin
mich wieder nach einem anderen Dokument fragte,
hatte ich Heimweh nach Deutschland. Und Sehn-
sucht nach seiner Effizienz. Die deutsche Bürokratie
ist zwar auch sehr komplex, aber wenn man die Regeln kennt, kann man nicht viel falsch machen.

Das Spiel mit der französischen Bürokratie ist wie
ein Spaziergang durch ein Labyrinth. Man hat keine
Ahnung, wo man gerade steht und wohin die nächste
Wendung führt. Und wenn man nicht sehr geduldig
ist, wird das Labyrinth schnell zu einem Alptraum,
so wie für den armen Josef K. aus Kafkas *Prozeß*.

»Ich kann leider nichts für Sie tun, solange Sie
nicht dieses Dokument dabeihaben«, wiederholte die
französische Beamtin mit roboterhafter Stimme.
Dass mir ihre Kollegin die Woche zuvor versichert
hatte, genau dieses Dokument sei nicht nötig, quit-
tierte sie mit ebenso mechanischem Schulterzucken.
Es war ja auch nicht ihre persönliche Schuld. Schuld
ist die Bürokratie.

Die Forderung zusätzlicher Dokumente ist ein Klassiker im Umgang mit den französischen Behörden. Plötzlich brauchen sie ein Papier, das sie zuvor niemals erwähnt haben. Oder sie haben es in den unendlichen Verwaltungsschleifen selbst verloren. Dann hat der arme Bürger eben Pech gehabt.

Die französische Verwaltung wird nicht ohne Grund »das Mammut« genannt. Seit Jahren versuchen die Politiker diesem Riesen eine Diät zu verordnen. Aber sobald sie ihm ans Fell gehen wollen, erwacht das faule Tier und bäumt sich zu einem Streik auf, der das ganze Land lahmlegt.

Auch in Berlin habe ich viele verlorene Stunden auf den Ämterfluren gewartet, aber am Ende hatte ich immer, was ich wollte. Und wenn nicht, hatte ich auf jeden Fall eine Telefonnummer, bei der man mir weiterhelfen konnte. Ganz anders in Paris: Um meine französische Krankenversicherung aus dem Ausland zu erreichen, brauchte ich mehrere Monate, bis ich herausgefunden hatte, dass es keinen Ansprechpartner für mich gab.

»Deutsche Behörden sind die Hölle!«, sagte Thorsten, dessen Hass auf die Verwaltung parallel zu seinen letzten Steuernachzahlungen deutlich gewachsen war. »Aber die Hölle funktioniert«, sagte ich, »und ist nicht ganz so heiß wie in Frankreich.« Als ich neulich meinen Pass verlängern wollte, wurde mein Foto beanstandet, weil ich darauf ein wenig nach rechts schaue. »Nein, das können wir so nicht annehmen«, sagte der französische Beamte. In

Deutschland akzeptierten sie das Bild ohne zu zögern.

Nur manchmal schießen die deutschen Behörden mit ihren genauen Anweisungen ein bisschen über ihr Ziel hinaus. So wie neulich, als eine Einladung der Universität in unserem Briefkasten lag. Es ging um die Urkundenverleihung für Martins Doktorarbeit, und in dem Brief wurde nicht nur der zeitliche Ablauf minutiös beschrieben, sondern auch die Sitzordnung genau aufgeführt: »Ihre Gäste haben freie Platzwahl ab der Reihe 13 auf der linken Seite (aus der Sicht vom Eingang) und auf der kompletten rechten Seite bzw. auf dem Rang, welcher über die Treppe im Treppenhaus vor dem Eingang zum Auditorium zu erreichen ist.« Das klang für mich eher wie die verschlüsselten Botschaften einer Schatzsuche, nur dass es diesmal bloß einen Sitzplatz zu gewinnen gab.

Um ja nichts falsch zu machen, nahm ich das Schreiben zu der Verleihung mit. Nachdem ich das Papier vor Ort eingehend studiert hatte, setzte ich mich. Nur fünf Minuten später tippte mir ein älterer Herr auf die Schulter. Ich säße auf seinem Platz. Nach längerem Gespräch und Abgleichen unserer beider Pläne hatten wir den Fehler gefunden. Ich hatte mich auf die falsche Seite gesetzt. »Es ist doch genau erklärt, wo Sie sich hinsetzen sollen«, murmelte der Herr etwas ungehalten. Er hatte recht. So läuft das hier nicht.

Die deutsche Liebe zum
akademischen Titel

Es war meine erste Pressekonferenz auf Deutsch. Die Tagesordnung sah nicht gerade verlockend aus: »Entwicklung des Arbeitsmarktes in den letzten sechs Monaten.« Meine Befürchtung bestätigte sich im Laufe der Versammlung, und meine Langeweile wuchs: Die Experten lasen in einschläferndem Ton ihre Kommuniqués vor, und ich konnte ein Gähnen nicht unterdrücken.

Schließlich waren die Journalisten an der Reihe, Fragen zu stellen. Ich hatte mir meine Frage notiert, um nicht zu viele Fehler zu machen. Der Sprecher des Ministeriums wollte wissen, an wen ich meine Frage zu richten gedachte.

»An Herrn Jablonski.«

»Herrn Dr. Jablonski meinen Sie wohl?«, entgegnete er leicht verstimmt.

Der besagte Herr, ein Mann um die sechzig, dessen Krawatte das Grau seiner Haare wiederholte, machte ein sehr ernstes Gesicht und ließ sich in umständlichen Formulierungen über Methoden zur Bekämpfung der Langzeitarbeitslosigkeit aus.

Bei akademischen Titeln versteht man in Deutschland keinen Spaß. Sie werden als Teil des Namens betrachtet, besonders der Doktortitel. Ihn zu vergessen gilt als unhöflich und schafft gleich eine schlechte Voraussetzung für den weiteren Kontakt. Ein Titel ist so begehrt, dass der Internethandel mit Doktorarbeiten und falschen Titeln zum einträglichen Geschäft geworden ist.

Was sogar schon zu einer politischen Querele geführt hat, als 2007 die Regierung vorschlug, in Pässen und Personalausweisen künftig auf den Titel zu verzichten, um die Verwaltung zu erleichtern, womit man jedoch vor allem bei der CSU auf Widerstand stieß. »Bayern hat sich immer gegen eine Nivellierung und Gleichmacherei in der Bildung ausgesprochen«, hatte Günther Beckstein, der damalige bayerische Innenminister des Landes, betont.

Mir kam die Kontroverse damals kindisch und lächerlich vor. Für meine Begriffe zeugt es eher von Minderwertigkeitskomplexen und einer gewissen Arroganz, »Dr.« auf seine Visitenkarte zu schreiben oder sich mit »Herr Dr.« ankündigen zu lassen.

Ich beschloss also, mich über diese Regel hinwegzusetzen. »Wenn du Wert auf eine gute Zusammenarbeit legst, solltest du nicht so weitermachen«, warnte mich mein Freund, »Leute, die jahrelang an einer Doktorarbeit gesessen haben, wollen entsprechend gewürdigt werden.«

»Bestimmt drücken sie bei mir ein Auge zu, weil ich Französin bin«, gab ich zurück.

Er selbst hatte gerade seine Doktorarbeit vorgestellt, an der er vier Jahre gearbeitet hatte, und fand Vergnügen daran, »Herr Dr.« auf seine Bahncard und andere Dokumente zu schreiben. Ich konnte nicht anders, als mich über ihn lustig zu machen und ihn andauernd mit »sehr geehrter Herr Doktor« anzusprechen.

In Frankreich schreibt man den Doktortitel weder auf eine Visitenkarte noch auf einen offiziellen Brief, sondern allenfalls in den Lebenslauf. Niemandem würde es einfallen, sich im Gespräch als Herr Soundso, Doktor der Soundso, vorzustellen. Der Doktortitel ist bei uns den Ärzten vorbehalten.

Und das, obwohl unser Bildungssystem weitaus elitärer ist als das deutsche. Die akademische Ausbildung fußt auf zwei Pfeilern: den Universitäten, die jedem offen stehen, der im Besitz der Hochschulreife ist, und den Grandes Écoles, die ihre Studenten erst nach einem unbarmherzigen Auswahlverfahren zulassen. Die École Nationale d'Administration (ENA), die École Normale Superieure (ENS), die École Polytechnique sind das Sprungbrett in eine brillante Berufslaufbahn und vermitteln ihren Studenten das Gefühl, einer privilegierten Schicht anzugehören. Mit einem Diplom einer dieser Hochschulen in der Tasche bekommt man jeden Praktikumsplatz, stehen einem die Türen zu Ministerien und großen Unternehmen offen. Fast das gesamte Personal der französischen Politik rekrutiert sich aus Absolventen solcher Institute.

Das deutsche Hochschulsystem dagegen scheint sehr viel egalitärer. Zwar gibt es auch hier Universitäten mit besserem oder schlechterem Ruf, der Abschluss einer »guten« Uni allein ist aber noch lange kein Garant für einen Posten bei einer Partei oder einem Ministerium. Und so bleiben all jenen, die Stunden, Tage und Jahre über einem bestimmten Thema gebrütet haben, nur die erbärmlichen Buchstaben »Dr.«, wollen sie sich vom Rest der Sterblichen abheben. Was ist das schon, verglichen mit der Gewichtigkeit und dem Einfluss der Elitehochschulen im französischen System? Ich werde mich in Zukunft nicht mehr über Martins Titel lustig machen! Versprochen.

Auf der Suche nach
dem deutschen Patriotismus

Welcher Franzose hat während seiner ersten Monate in Deutschland nicht diese Erfahrung gemacht? Man fängt gerade an, sich halbwegs in der Sprache Goethes zurechtzufinden, macht aber immer noch eine astronomische Menge an Fehlern. Doch die Zuhörer lassen sich nichts anmerken und überhäufen einen sogar noch mit Komplimenten: »Du sprichst aber wirklich gut Deutsch.« Erstaunlicherweise ist dies die einzige Gelegenheit, bei der die Deutschen einmal nicht geradeheraus sind, sondern sich ganz mediterran um eine ehrliche Aussage herumdrücken.

Über das gleiche Sprachniveau würde man in Frankreich die Nase rümpfen oder zumindest indirekt Kritik üben: »Ich versteh nicht, was du mir sagen willst.«

Die Deutschen sind so glücklich, wenn ein Ausländer ihre Sprache spricht, dass sie ihm alle Fehler verzeihen. Ganz anders die Franzosen, die nur schwer verkraften, wenn jemand ihre schöne Sprache nicht korrekt spricht.

In Deutschland wird ein Ausländer in der Regel mit

Neugier aufgenommen, zumindest in kultivierten Kreisen. Als ich gerade ein paar Wochen in Berlin lebte, lud mich Thorsten zum Essen zu sich nach Hause ein. Ich wurde neben einen großen Blonden gesetzt, der gerade dabei war, sein Geologiestudium abzuschließen. Schnell kam das Gespräch auf den französischen Film. Als Fan von Jean-Paul Belmondo kannte er alle seine Filme und wollte wissen, ob ich »Außer Atem« gesehen hätte. Er schien überrascht, als ich verneinte. Was ihn nicht daran hinderte, mir mehrere Szenen aus dem Film zu schildern.

Mein anderer Tischnachbar, ein Jurist, ließ mich über eine Stunde an seiner Bewunderung für den Autor Émile Zola teilhaben. Er hatte fast die gesamte Geschichte der Rougon-Macquart gelesen, ein Romanzyklus, der sich in zwanzig Bänden langatmig über die Erblast einer Familie im zweiten Kaiserreich auslässt. Ich hatte höchstens hundert Seiten dieses Monumentalwerkes gelesen, das einen festen Platz auf dem Lehrplan im Fach Französisch hat und mich schon damals schrecklich langweilte. Aber ich traute mich nicht, das meinem Nachbarn zu sagen.

Es begann mich einzuschüchtern, wie gut die Deutschen die französische Kultur kennen und welches Interesse sie einer Ausländerin entgegenbringen. Bei einem Essen in Frankreich läuft so etwas ganz anders ab. Ein Ausländer wird meistens erst einmal argwöhnisch gemustert. Und erst wenn er zeigt, dass er die französische Kultur und Lebensart nahezu verinnerlicht hat, wird er von der Gesellschaft akzeptiert. Bevor er nach Hause eingeladen wird, muss er eigentlich schon Franzose sein. Die wenigen Partys oder Essen, die ich in Paris erlebt habe, bei denen ein Deutscher oder ein Engländer zugegen war, sagen alles über die mangelnde Neugier meiner Landsleute. Eine andere Nationalität ist nicht interessant, sondern verdächtig. Wird er unseren unvergleichlichen Humor verstehen? Unser unnachahmliches Savoir-vivre? Auf der anderen Seite des Rheins hingegen ist man immer und überall bemüht, eine fremde Blickweise als Bereicherung anzusehen.

Ein gutes Beispiel für diese Offenheit gegenüber anderen Kulturen sind die Zeitungen. Man braucht nur deutsche Tageszeitungen zu lesen, um genau verfolgen zu können, was in Frankreich passiert. Umgekehrt ist das nicht möglich. Vielleicht aus Platzmangel, aber mit Sicherheit auch aus Mangel an Interesse findet sich in der französischen Presse nur sehr wenig über die deutsche Gesellschaft oder Kultur.

Ich habe das Gefühl, weltoffener geworden zu sein und eine größere Neugier auf andere Länder entwickelt zu haben, seit ich in Deutschland lebe. In einem deutschen Umfeld und durch die Lektüre deutscher Zeitungen habe ich besser verstanden, warum Frankreich manchmal etwas spöttisch die »Grande Nation« genannt wird. Die Militärparaden am 14. Juli, die unzähligen Gedenkveranstaltungen für französische Widerstandskämpfer und das ganze Vokabular über unser »großes Land« müssen einem Deutschen, der zum ersten Mal nach Frankreich kommt, befremdlich erscheinen.

Nicht so uns Franzosen, schließlich bringt man uns von klein auf bei, unser Land zu ehren. Schon in der Grundschule lernen alle Kinder, die »Marseillaise« auswendig zu singen, und im Geschichtsunterricht werden große Männer und ihre Taten gerühmt: Ludwig XIV., der absolutistische Monarch, Napoleon, der den Grundstein für das moderne Frankreich gelegt hat, und natürlich Général de Gaulle. Nicht von ungefähr hat die Republik mit dem Panthéon auf dem Sainte-Geneviève-Hügel in Paris ein Gebäude, das dem Gedenken berühmter Männer und Frauen gewidmet ist. So haben dort unter anderem die Physiker Pierre und Marie Curie, der Schriftsteller Alexandre Dumas, der Philosoph Jean-Jacques Rousseau, der Schriftsteller und Minister André Malraux oder der Held der Résistance, Jean Moulin, ihre letzte Ruhe gefunden. Die Grandes Écoles, die Eliteuniversitäten des Landes, sind die Pfeiler des französischen Patriotismus. Oft werden die Studenten, die zu diesen ehrwürdigen Institutionen zugelassen werden, mit den folgenden Worten begrüßt: »Ihr seid die Elite unseres Landes, ihr werdet dazu beitragen, dass Frankreich seine Vorrangstellung bewahrt …«

In Deutschland gibt es nichts dergleichen. Es gibt keine Grandes Écoles und keinen Geschichtsunterricht, in dem deutsche Persönlichkeiten glorifiziert werden. Und die Nationalhymne wird zwar in der Schule gelehrt, allerdings so oberflächlich, dass kaum einer sie aus dem Stegreif singen könnte. Kein Wunder. Außer im »Musikantenstadl« singt kaum jemand auf Deutsch. Es erstaunt mich immer wieder, dass so viele deutsche Musikgruppen lieber auf Englisch singen als in ihrer Muttersprache. »So ist es leichter, im Ausland bekannt zu werden«, behauptet Martin. Französische Bands wollen vor allem zu Hause verstanden werden. Allerdings hat der Gesetzgeber auch äußerst günstige Bedingungen für französischsprachige Musik geschaffen. Sie wird großzügig subventioniert, und sämtliche Radiostationen müssen seit 1994 mindestens 40 % französische Musik spielen.

In Deutschland muss alles möglichst wenig deutsch sein. Es scheint fast, als wäre das gesamte System darauf ausgerichtet, die jungen Deutschen Demut zu lehren. Und das mit so viel Erfolg, dass manche von ihnen einen Ausländer, der in Deutschland lebt, fast bemitleiden.

»Fehlt dir Frankreich nicht?« Diese mitfühlende Frage ist mir bestimmt hundertmal gestellt worden. Wer käme in Frankreich auf den Gedanken, dass ein Deutscher im Land des Savoir-vivre unglücklich sein könnte? Nein, wir würden ihn dazu beglückwünschen, dass er unsere Kultur entdecken darf.

»Wir schlüpfen eben gern in eine andere Haut«, meint mein Kollege Thorsten, Italienliebhaber, Salsatänzer und Karneval-der-Kulturen-Anhänger.

Während der WM im Juni 2006 war ich wie viele andere ausländische Beobachter entzückt, mit anzusehen, wie sich wieder so etwas wie Nationalstolz regte. Zum ersten Mal seit der Wiedervereinigung schwenkten die Deutschen mit Freude ihre Nationalflagge, und jedes Mal, wenn in den Stadien die Nationalhymne ertönte, konnte man förmlich spüren, wie ein wohliger Schauer durch die Menge ging. Natürlich hat dieser patriotische Schub auch Skepsis hervorgerufen. Und so erkundigten sich deutsche Experten und Journalisten, wie man im Ausland darüber dachte.

»Schockiert Sie dieses Meer von Fahnen?«, fragten mich meine deutschen Kollegen.

Jedes Mal, wenn ich verneinte, war mir, als atmeten sie erleichtert auf. Das Ausland hatte seinen Segen gegeben; die Deutschen konnten sich also bedenkenlos diesem »neuen« Gefühl hingeben.

Mit Lokalpatriotismus hat man dagegen weniger Probleme. Bayer, Schwabe oder Sachse zu sein ist durchaus in Ordnung. Zuweilen nimmt die regionale deutsche Folklore sogar erstaunliche Ausmaße an. Als ich während des Oktoberfestes nach München flog, trugen die Flugbegleiterinnen plötzlich Dirndln. Sollten die Air-France-Stewardessen irgendwann einmal bretonische Trachten anziehen, würde die ganze Nation laut auflachen.

Samstag ist Waschtag

Für einen französischen Autofahrer ist die deutsche Autobahn das Paradies auf Erden. Zumindest, wenn die Straßen leer sind. Dann kann er den Motor bis an die Grenzen seiner Leistungsfähigkeit hochtreiben, das Gaspedal durchtreten und sich für einen Augenblick auf einer Formel-1-Piste wähnen. Ohne Angst vor Radarfallen oder Polizeischikanen.

Über französische Autobahnen zu fahren ist dagegen todlangweilig. Die Geschwindigkeitsbegrenzung auf hundertdreißig Stundenkilometer nimmt einem nicht nur jeden Spaß daran, einen großen Schlitten zu fahren, man riskiert auch, am Steuer einzuschlafen. Wenn man sich dann trotz allem entscheidet, die Höchstgeschwindigkeit zu überschreiten, warten an der nächsten Ausfahrt garantiert schon die Bullen mit einer saftigen Strafe. Der französische Staat hält Autofahrer für eine Zitrone, die man bis zum Gehtnichtmehr auspressen kann. Heraus kommen Geldbußen in utopischer Höhe. Selbst das letzte Geschenk für Autofahrer, die Erlassung sämtlicher offenen Bußgelder für Falschparken nach jeder Wahl eines neuen Präsidenten, wurde 2007 von Nicolas Sarkozy abgeschafft.

Der französische Autofahrer hat also allen Grund, sein deutsches Alter Ego zu beneiden. Auf der anderen Rheinseite ist das Auto ein Kultgegenstand, der von fast jedermann geachtet wird. Sogar die Fußgänger scheinen dem Auto Respekt zu zollen. Wenn die Ampel auf Rot umspringt, warten sie brav auf dem Bürgersteig, auch wenn weit und breit kein Auto mehr zu sehen ist. Die Autofahrer wiederum wissen, dass auf die Fußgänger Verlass ist, und geben Vollgas.

Wer es doch wagt, bei Rot die Straße zu überqueren, wird energisch daran erinnert. »Vorbild für die Kinder«, liest man auf Schildern in manchen Straßen. Das muss genügen. »Stell dir vor, sie laufen dir nach«, sagte mein Kollege Thorsten entsetzt zu mir, als ich mich einmal bei ihm darüber beschwerte, minutenlang an öden Straßenkreuzungen warten zu müssen.

In meinem Land ist der Fußgänger der König. Die Autos müssen versuchen, sich einen Weg durch die Passanten zu bahnen, die die Straße überqueren, wann immer es ihnen in den Sinn kommt, ohne dabei auf die Farbe der Ampeln zu achten.

Mein Freund Martin begreift das einfach nicht. Dazu muss man sagen, dass er ein Autofanatiker ist. Ich würde sogar fast behaupten, dass er seinen Golf mehr liebt als mich. Und da ist er bestimmt nicht der Einzige in diesem Land. Für ihr Auto sind die deutschen Männer sogar bereit, ihren gewohnten Geiz zu vergessen, ihr Sparkonto zu plündern oder einen Wahnsinnskredit aufzunehmen. Und sie pflegen es liebevoll.

Samstag ist Badetag. Mit zufriedenem Gesicht warten die Autofahrer nicht selten über eine Stunde geduldig an der Tankstelle, bis sie mit Waschen an der Reihe sind. Fröhlich klopfen sie die Fußmatten aus und können gar nicht aufhören zu saugen. Irgendwie beschämend.

Doch damit nicht genug. Sie reden auch noch die ganze Zeit über ihr Auto. Über seine Leistung, seine Probleme, seine Kosten. Deutsche Männer tauschen Adressen von Automechanikern aus wie Frauen die von Kosmetikerinnen. »Ich wäre entzückt, wenn du dich genauso für meine Frisur oder meine Kleider interessieren würdest«, sagte ich eines Tages genervt zu meinem Freund, nachdem ich mir die hundertste Anekdote über seinen Golf anhören musste.

Ich selbst habe mich nie besonders für mein Auto interessiert. Der einzige Wagen, den ich in Paris besessen habe, ein Austin Mini, hatte lauter Beulen und Kratzer. Wichtig war für mich nur, dass er fuhr und mich von einem Ort zum anderen brachte.

»Das liegt daran, dass du eine Frau bist«, behauptet Martin. Nur sahen die Autos meiner männlichen Freunde in Paris auch nicht viel besser aus als meins. Aber das will er mir einfach nicht glauben.

Ist das Auto in Deutschland womöglich die letzte Zuflucht des männlichen Chauvinismus? Die Vermutung drängt sich einem fast auf, wenn man sich ansieht, welchen Schutz das Auto in der Politik genießt. Zeigt sich die deutsche Regierung ansonsten eher besorgt um die Umwelt, drückt sie gern ein Auge zu, wenn es ums Auto geht. Schließlich weiß sie, dass man schnell seine Wähler verprellt, wenn man an die Privilegien der Autofahrer rührt.

Lieber macht die Regierung ihren Bürgern Geschenke wie die Abwrackprämie. Alle Autobesitzer kassieren eine staatliche Prämie, wenn sie ihr altes Auto verschrotten lassen und sich dann schleunigst wieder einen neuen Wagen zulegen.

Selbst der steigende Benzinpreis ändert nichts an dem Verhältnis der Deutschen zu ihrem Auto: Hier wird nicht gespart. Martin jammert zwar gerne über seinen Kontostand, aber auf sein Auto würde er im Leben nicht verzichten.

Die deutschen Fernsehnachrichten: kurz und schmerzlos

Nichts ist langweiliger als die deutschen Nachrichten. Politik und Wirtschaft dominieren – alle Themen des Tages werden in Lichtgeschwindigkeit abgehandelt, für kulturelle oder gesellschaftliche Beiträge bleibt dabei kaum Zeit. Auf dem Gesicht des Sprechers ist nicht die leiseste Regung zu erkennen, genauso gut könnte ein Roboter die Neuigkeiten des Tages verkünden.

Jeden Abend Punkt acht verfolgen Millionen Deutsche die Tagesschau, eine Nachrichtensendung, die keine fünfzehn Minuten dauert. Das Konzept ist seit Jahrzehnten unverändert, was dem Erfolg keinen Abbruch tut. Bei mir löst die Sendung, die einem nicht mal die Zeit lässt, es sich auf dem Sofa bequem zu machen und zu entspannen, nur akute Gähnkrämpfe aus. Die Nachrichten werden hierzulande mit dem gleichen Pragmatismus konsumiert wie das Sandwich zu Mittag am Computer. Aber wer würde sich das auch länger ansehen wollen?

»Nachrichten müssen sachlich präsentiert werden, schließlich ist man um größtmögliche Objektivität bemüht«, sagt mein Kollege Thorsten immer. Aber das überzeugt mich nicht.

Das ebenfalls um zwanzig Uhr ausgestrahlte französische Pendant, das Journal Télévisé, kurz »J. T.« genannt, wird dagegen richtig zelebriert. Es wird von einer beliebten Moderatorin, Claire Chazal, der Marietta Slomka Frankreichs, präsentiert, die bei uns Kultstatus hat, und lässt sich immerhin vierzig Minuten Zeit. Zeit genug, sich auch mal ein Thema aus dem Unterhaltungsbereich herauszupicken oder eine bestimmte regionale Tradition ausgiebig vorzustellen. Vor allem im Sommer setzen die Redakteure auf »bunte Themen«, um ihre Zuschauer im Urlaub nicht mit allzu trockenen Themen zu quälen.

Um ihr Publikum bei der Stange zu halten, nutzt die Moderatorin hemmungslos die gesamte Palette der Emotionen. Tragödien oder Mordfälle verkündet sie stets mit einem traurigen Blick: »Meine Damen und Herren, die Stunde ist ernst ...« Wenn sie einen Vertreter der Politik interviewt, wird hingegen mitunter gescherzt: »Sie glauben doch nicht allen Ernstes, dass wir Sie mit dieser Erklärung davonkommen lassen ...« Und geht es um einen hübschen Schauspieler, beginnt sie zu schmeicheln: »In der Rolle haben Sie wirklich alle verzaubert ...«

Diese Inszenierung des Tagesgeschehens bringt die ganze Familie vor dem Fernseher zusammen. Man kommentiert die Farbe der Krawatte des Sprechers, empört sich über einen heimtückischen Mord in der Provinz oder bewundert die schönen Bilder einer Reportage über die bretonische Küste. Bei meinen Eltern wiederholte sich oft die folgende Szene: Sobald eine Reportage über Kinder ausgestrahlt wurde, richtete meine Mutter sich auf dem Sofa kerzengerade auf und saugte die Worte förmlich auf. Wenn mein Vater aus Versehen dazwischenquatschte, wurde er zurechtgewiesen wie ein kleiner Junge. Nach einer Stunde war es Zeit für das Abendessen.

»Das dauert ja ewig«, findet Thorsten. Selbst die langen Versionen der deutschen Nachrichtensendungen wie Tagesthemen oder Heute Journal, die am späten Abend ausgestrahlt werden, sind nie länger als achtundzwanzig Minuten.

»Um ihren Gefühlen freien Lauf zu lassen, brauchen die Franzosen nun mal Zeit«, sagte ich. Und genusssüchtig, wie sie sind, gehen sie bei den Nachrichten eben genauso gern in die Verlängerung wie beim Essen.

Frohes Abfackeln!

In meinem ersten Jahr in Deutschland besuchten mich ein paar Pariser Freunde in Berlin, um mit mir Silvester zu feiern. Wir hatten ja keine Ahnung.

Es begann schon am Abend des 30. Dezember. Ich war mit meinen Freunden auf dem Weg zu meiner Lieblingskneipe, als Marc Feuer fing. »Hier riecht es irgendwie verbrannt«, meinte er, als wir plötzlich Rauch aus seiner Kapuze aufsteigen sahen. »Zieh sie aus!«, schrie ich und riss ihm die Jacke vom Leib. Der Böller kullerte auf den Fußweg. Hinter parkenden Autos rannte eine Gang von Jungs lachend davon. »Putain, c'est pas vrai? Die haben mich beschmissen«, sagte Marc, aber der Rest seines Fluches ging in einer Explosion unter.

Das war aber noch nichts gegen das, was uns in der nächsten Nacht erwartete. Die Anzahl der Kracher und Raketen hatte sich vervierfacht, und aus Fenstern wurden brennende Geschosse geworfen. Bei jeder Detonation zuckte ich zusammen. Ich dachte, dass es wahrscheinlich genauso laut war, als die sowjetischen Panzer in die deutsche Hauptstadt einrollten.

»Komm schon, keine Panik, Deutschland ist heute sicher«, sagte Marc mit einem Augenzwinkern.

Mir machte es dafür umso mehr Angst. Wir mussten die Straßenbahn nehmen, aber kaum hatte ich mich auf die Bank der Haltestelle gesetzt, zischte ein Feuerwerkskörper unter den Saum meiner Hose. Ich schüttelte wie wild mein Bein, doch er steckte fest und ließ in aller Ruhe meine Strumpfhose schmelzen.

»O mon Dieu, o mon Dieu!!«

Kurz vor der Explosion gelang es mir doch noch, ihn von mir fortzuschleudern.

»Bist du bescheuert oder was?«, brüllte Marc den jugendlichen Übeltäter an – ein Knirps von nicht mal zwölf Jahren. Doch der grinste zur Antwort nur höhnisch. Ihn juckte es offenbar nicht, dass er mich fast in die Luft gesprengt hätte. Als wenn nichts passiert wäre, zündete er in aller Seelenruhe schon die nächsten Feuerwerkskörper an. Um einem weiteren »Anschlag« aus dem Weg zu gehen, beschlossen wir, ein Taxi zu nehmen.

»Die Bombardierungen im Zweiten Weltkrieg haben denen wohl noch nicht gereicht, die müssen in der Silvesternacht noch einen drauflegen«, stellte Marc fest, als wir auf der Rückbank Platz genommen hatten.

»Jedenfalls verbringe ich das nächste Silvester bestimmt nicht in Deutschland«, sagte ich, immer noch unter Schock.

»Oder du kaufst dir eine Ritterrüstung, dann kann dir nichts passieren.«

Um Mitternacht erglühte die ganze Stadt. Jedes Haus schien sein eigenes Feuerwerk organisiert zu haben. So etwas hatten wir noch nie gesehen.

Ein Feuerwerk unterliegt in Frankreich einer strengen Regelung. Sobald das Schauspiel an einem öffentlichen Ort stattfinden soll, braucht man ein Zertifikat und eine Genehmigung der Stadt. Nur in den Banlieues haben die Jugendlichen eine sehr expressive Methode gefunden, die Neujahrsnacht zu feiern: Sie zünden Autos an. Und leider nicht nur dann.

Am nächsten Tag hörten wir im Radio die Nachrichten über die Verletzten. Verbrennungen, abgerissene Finger, schwerverwundete Arme. »Das ist doch Wahnsinn«, sagte ich zu meinem damaligen Mitbewohner, der noch etwas benommen am Küchentisch saß und eine Aspirin zerbröselte. Doch er war der Ansicht, dass es zu Massenprotesten kommen würde, wenn man die gesetzlichen Regelungen für Feuerwerke verschärfen würde.

»Das Ritual hat eine befreiende Funktion, genauso wie der Karneval. In den Tagen vor Silvester stehen die Menschen Schlange, um Knaller zu kaufen. Und wenn die ersten Böller detonieren, laufen einem richtige Schauer über den Rücken.« Das war mir allerdings ähnlich gegangen.

Was mich am Neujahrstag besonders überraschte, waren – die guten Vorsätze am Tag danach.

»Ich habe beschlossen, mindestens einmal die Woche schwimmen zu gehen.«

»Ich will mich nur noch von Bioprodukten ernähren.«

»Ich werde nicht mehr so viel Alkohol trinken.«

In Frankreich fasst man die guten Vorsätze im September, zu Beginn des Schuljahres, denn die eigentliche Zäsur des Jahres stellt der Sommerurlaub dar. Von Ende Juni bis Anfang September sind Schulferien, und im Juli und August ist kaum ein Franzose in der Stadt. Jedes zweite Geschäft hat geschlossen, und wer krank wird, muss sich nach einem Vertretungsarzt umsehen.

Nach der Sommerpause hat man das Gefühl, dass ein neues Jahr beginnt. Dann sind die Zeitungen und Zeitschriften voll von Ratschlägen für einen Neuanfang: mit welcher Diät man am schnellsten Gewicht verliert, wie Zen in allen Lebenslagen hilft, wie man einen neuen Job findet etc. Vielleicht löst die Aussicht auf einen weiteren Winter bei den Franzosen auch einen viel tieferen Schock aus als die Silvesternacht. Wir haben es so genossen, draußen zu essen, Aperitifs unter freiem Himmel zu uns zu nehmen und im Meer zu schwimmen, dass die Rückkehr in den Alltag die Auswirkung eines mittelschweren Erdbebens hat.

In Deutschland fackelt man erst mal fast die ganze Stadt ab, bevor man sich vornimmt, von nun an alles richtig zu machen.

Auch ich fasste an diesem Tag übrigens einen stillen Vorsatz: das nächste Silvester auf dem Land zu verbringen.

Das Leben der Carla B.

Die Deutschen interessiert an Frankreich nur eines: Carla Bruni.

Seit diese Frau mit unserem Präsidenten liiert ist, kenne ich keinen Deutschen, der mich noch nicht über sie befragt hätte. Ohne nachweisbare Qualifikation bin ich seit Beginn ihrer Beziehung zur Carla-Bruni-Spezialistin geworden.

Als mich ein deutscher Radiosender neulich zu einem Interview bat, sollte es eigentlich um die französische Wirtschaft gehen. Aber die erste Frage lautete zu meiner Überraschung, welchen Einfluss nicht etwa die Industrie, sondern Carla Bruni auf ihren Mann habe.

Ich hatte keine Ahnung. Carla Bruni ist eine interessante Frau, ich mag ihre Musik, sie sieht gut aus. Mehr kann ich zu ihr nicht sagen. Ich sollte es aber.

Besonders mein Kollege Thorsten ist ein heimlicher Bruni-Fan der ersten Stunde. Wie ein Süchtiger verschlingt er jede Anekdote über sie. Alles interessiert ihn. Bei welchem Essen sich die beiden kennengelernt hätten, was sie ihm zugeflüstert hätte, welchen Männern sie vorher den Kopf verdreht hätte

(Vater und Sohn hintereinander, nein!) und was aus ihren Nacktfotos geworden sei. Er kann nicht genug davon bekommen.

Nun ja, die Deutschen sind nicht gerade mit Glamour verwöhnt. Joachim Sauer lässt sich nicht blicken, Merkel ist alles andere als eine Femme fatale, und auch der Rest der Mannschaft ist eher blasser Natur.

Mich stört das nicht. Im Gegenteil. Ich mag diese ernsthaften und rechtschaffenen deutschen Politiker. Ich hege sogar eine gewisse Schwäche für Herrn Müntefering. Aber die Aufregung um vermeintliche Skandale wie die Geliebte eines Horst Seehofer (in Frankreich könnte jede Woche ein anderer Kandidat mit so etwas die Titelseite zieren) kann ich genauso wenig nachvollziehen wie die Diskussionen über Ministerin von der Leyen (sie hat Kinder und arbeitet, bravo).

Das Verlangen nach ein bisschen Bruni-Glamour ist also durchaus nachvollziehbar. Die Deutschen haben einfach einen Mangel an Diven. Wir verehren Catherine Deneuve, Emmanuelle Béart, Juliette Binoche und Isabelle Adjani.

Die Deutschen haben Veronica Ferres.

Eine Kollegin von mir arbeitete eine Zeitlang für eine deutsche Glamourzeitschrift. Jede Woche sollte sie einen deutschen Star finden, der nicht nur atemberaubend schön war, sondern auch mondän genug, den Hauch der weiten Welt zu verströmen. Die Zeitung ist inzwischen eingestellt worden.

Und ich berichte weiter über Carla Bruni.

Danke an all diejenigen, die mich durch ihre Gewohnheiten, Lebensvorstellungen und Marotten zu diesem Buch inspiriert haben. Die Geschichten basieren allesamt auf wahren Begebenheiten, wenngleich das ein oder andere Detail entweder aus dramaturgischen Gründen verändert wurde oder um die Persönlichkeitssphäre der im Buch vorkommenden Personen zu schützen. Die Namen aller Beteiligten habe ich verändert.

Stefan Ulrich

Quattro Stagioni – Ein Jahr in Rom

Originalausgabe

ISBN 978-3-548-26854-5
www.ullstein-buchverlage.de

»Habt Ihr's gut ...« ist der Kommentar ihrer Freunde, als für Familie Ulrich endlich der alte Traum von der Dolce Vita in Bella Italia wahr wird. Doch das Leben in der ewigen Stadt erweist sich als alles andere als »dolce«: die Wohnung ist bei der Ankunft in chaotischem Zustand und Tochter Bernadettes Meerschweinchen wird vom Hausbesitzer mit einer Ratte verwechselt. Wichtige Erkenntnisse der Rom-Anfänger: Ein Palazzo ist ein ganz normales Mehrfamilienhaus, römische Kindergeburtstage haben es in sich und die Italiener beschweren sich auch bei strahlendem Sonnenschein andauernd übers Wetter. Trotzdem versuchen die Ulrichs, Bella Figura zu machen! Und entdecken doch noch das süße Leben in Rom.

ullstein

UB476

Roger Boyes

How to be a Kraut

Leitfaden für ein wunderliches Land
Mit zahlreichen Abbildungen
Originalausgabe

ISBN 978-3-548-36961-7
www.ullstein-buchverlage.de

Roger Boyes hat die Deutschen lange studiert und weiß: Die »Krauts« sind anders – und waren es schon immer. Ihren Urlaub verbringen sie am liebsten kurzbehost, in ihrer Freizeit wetteifern sie um die Meisterschaft im Mülltrennen, und im Beruf gehen sie mit Vorliebe einer Disziplin namens Besserwisserei nach. Oh dear!

Mit lakonischem Humor und scharfer Beobachtungsgabe entlarvt Boyes all jene Marotten und Absonderlichkeiten der Deutschen, die sie so unverwechselbar machen. Ein unentbehrliches Handbuch für alle, die glauben, Deutschland bereits zu kennen.

»Eine Auflockerungs-Mission für eine verwirrende Nation« *Spiegel Online* über *My dear Krauts*

US271